Herderbücherei

Band 626

W0061861

Über das Buch

Erkenne dich selbst! – So mahnte eine Inschrift den Besucher des Heiligtums in Delphi, denn Selbsterkenntnis stand für den antiken Menschen in engem Zusammenhang mit der Erkenntnis des Schicksals, das den Menschen einordnet in ein größeres, kosmisches Gefüge.

Diese Perspektive ist uns in einem Zeitalter, das den Menschen durch alle möglichen Testserien zu vermessen sucht, völlig abhanden gekommen. Um jedoch etwas über über seine schicksalhaften Anlagen zu erfahren, muß sich der Mensch vom wissenschaftlichen Testdenken – das in anderem Zusammenhang durchaus Berechtigung hat – lösen.

Ein Weg zur Selbsterkenntnis führt über das Bild der Hand. Im Teil spiegelt sich das Ganze, in der Hand (wie etwa auch im Gesicht) zeichnen sich die schicksalhaften menschlichen Anlagen ab. Frühere Generationen verstanden sich darauf, diese Schrift zu entziffern.

Dieses Taschenbuch möchte dem modernen Menschen wieder Zugang schaffen zur Kunst der Chirologie. Eine alte und tausendfach bewährte Menschheitserfahrung soll ihm helfen, mehr über sich selbst zu erfahren.

Über die Autorin

Ursula von Mangoldt, Dr. theol., geboren in Berlin 1904, war verheiratet mit dem 1971 verstorbenen Wirtschaftsdiplomaten Dr. H. K. von Mangoldt. Sie bestimmte von 1945 bis 1972 als Gesellschafterin die Richtung des O. W. Barth Verlages, Weilheim/Obb., und gibt seit eineinhalb Jahren die Zeitschrift „Meditation" im Christianopolis Verlag Säckingen heraus. Neben Beiträgen für Zeitschriften und Rundfunk übersetzte und schrieb sie zahlreiche Bücher. Sie hat schon vor Jahrzehnten das Gespräch zwischen westlicher und östlicher Spiritualität eingeleitet und sucht in ihren Arbeiten den Menschen Hilfe für ihr Leben zu geben.

Ursula von Mangoldt
Lebensmut gewinnen

Band 602 · · 128 Seiten

In jedem Menschen stecken ungeahnte Kraftreserven. Sie freizusetzen bedarf es keiner komplizierten Übungen. In kleinen Schritten und Entschlüssen kann man genügend Lebensmut gewinnen, um mit dem Einerlei des Alltags, mit der Erfahrung der Einsamkeit, mit Depressionen und Schicksalsschlägen fertig zu werden. Die Autorin schildert an vielen Beispielen, wie man in jeder Situation den meist verschütteten Weg nach innen wieder finden kann. Viele Fluchtwege werden heute angeboten. Sie führen nicht weit. Die Lösung unserer Lebensprobleme liegt in uns selbst – eine befreiende Erfahrung, die sich dem Leser dieses Taschenbuches von Seite zu Seite mitteilt.

in der Herderbücherei

Lebenshilfe

in der Herderbücherei

Ursula von Mangoldt

Wer bin ich?

Lebens- und Schicksalsweg
aus dem Bild der Hand

Mit einer Einleitung von Hans Bender

Herderbücherei

Originalausgabe
erstmals veröffentlicht als Herder-Taschenbuch

Karlfried Graf Dürckheim

Dank für seine Anregungen
zur anthropologischen Deutung
der Hand

Inhalt

Vorwort

Wie oft ich in den mehr als drei Jahrzehnten, in denen ich mit Ursula von Mangoldt, dieser außergewöhnlichen Frau, verbunden bin, ihre chirologische Kunst in Anspruch genommen habe, vermag ich nicht mehr zu sagen. Es geschah aus den verschiedensten Anlässen: aus dem wissenschaftlichen Interesse, Testergebnisse psychologischer Untersuchungen mit chirologischen Blinddiagnosen aufgrund von Handabdrücken und -photographien zu vergleichen, es geschah aber auch – und diese Anliegen haben sich tiefer eingeprägt –, wenn mir Menschen, die mir begegneten, ihre Probleme antrugen, darunter auch Probleme der beruflichen Zusammenarbeit, von denen ich selbst tangiert war. Äußerst selten war es die *lebendige* Hand, verbunden mit einem persönlichen Gespräch, an der sich die Deutungskunst der Chirologin entzündete; ihr genügte in der Regel ein Abdruck des „Wunders der Hand", wie Ursula von Mangoldt es selbst nennt. So war der Vorsicht Genüge getan, keine handfremden Informationen in die Urteilsbildung einfließen zu lassen, wie sie sich aus einer Mensch-zu-Mensch-Begegnung natürlich in reicher Fülle ergeben können. Ich müßte nicht Parapsychologe sein, um nicht auch an die Möglichkeit einer „außersinnlichen Wahrnehmung" als Quelle der Information über eine zu erfassende Wesensstruktur zu denken, die sich dann gar nicht im Bilde der Hand spiegeln würde, sondern sich nur auf verborgenen Wegen erschlösse. Aber Frau von Mangoldt kann ihre Deutung nach systematischen Gesichtspunkten begründen. Dieses Buch legt Zeugnis davon ab, wie sie dabei vorgeht. Es ist also die Hand selbst, ihre Form außen und innen, ihre Linien und Erhebungen, die dem Urteil zugrunde liegen.

Was ist nun das Besondere dieser Deutungen, warum haben sie sich mir eingeprägt? Ich kann dieses „Besondere" mit wenigen Worten beim Namen nennen: Wesentlichstes Anliegen ihrer Handdeutung ist, den Menschen in seiner „Bestimmung" und in seiner „Gefährdung" zu erkennen und durch eine Zusammenschau von Anlagen und Entwicklungstendenzen einen – möglicherweise verschleierten – Lebenssinn zu ermitteln. Es geht um eine Gegenwart und Zukunft umgreifende Daseinsanalyse auf dem Hintergrund der Transzendenz.

Die „Hilfen zur Selbsterkenntnis", welche die Verfasserin mit der Chirologie vermitteln will, bleiben nicht bei etikettierenden Beschreibungen von Begabungen und Antrieben, von Temperamentseigenschaften und typischen Reaktionsweisen, von Eros-Konstellationen und Stimmungslagen, von Hemmung und Anpassung stehen, wie man sie in verschiedensten Persönlichkeitsgutachten so oft findet – U. v. Mangoldt geht darüber hinaus, indem sie sich bemüht, den Menschen vor dem Hintergrund seiner Transzendenz zu erkennen. Zwar versucht auch sie, solche Persönlichkeitsfaktoren zu ermitteln, spricht auch sie von triebschwach und -stark, von gehemmt oder enthemmt, von verstandes- oder gefühlsbetont, von Aggression oder Unterordnung; aber sie ist darauf gerichtet, das Erscheinungsbild einer Persönlichkeit in den größeren Zusammenhang eines Lebens- und Schicksalsweges zu bringen. Über das Zuständliche hinaus versucht sie, dynamische Vollzüge im Leben des Probanden zu einem Ziel hin kennenzulernen und ihm zu vermitteln. Die Frage: „Wer bin ich?" ist für Frau v. Mangoldt identisch mit der Frage nach dem Wege zur Reife, zur Erfüllung eines Lebenssinnes.

Man wird fragen: Wenn die Deutung der Hand dies alles vermag, warum ist Chirologie dann keine allgemein anerkannte diagnostische Methode? Darauf kann ich nur antworten, daß eine methodisch exakte wissenschaftliche Untersuchung selbst der elementarsten Grundlagen der Handdeutung auf breiter Basis noch aussteht und daß die wenigen vorliegenden Ansätze noch nicht zum Tragen gekommen sind. (Nur die Diagnostik von Krankheiten und Krankheitsdispositionen aus der Hand macht eine Ausnahme.) Vorurteile, aber auch die Schwierigkeit des Unterfangens, Ausdrucksdeutung, Ganzheits- oder gar Schicksalsbezüge mit den punktuellen Verfahren einer positivistischen Methode in den Griff zu bekommen, mögen die Ursachen dieser Vernachlässigung sein. Dabei sind die Voraussetzungen der Chirologie weit eher nachvollziehbar als die der mit der Chirologie begrifflich verschwisterten Astrologie. Graf Dürckheim hat Voraussetzungen im Sinne der erscheinungswissenschaftlichen Ausdruckskunde in dem zusammen mit Ursula von Mangoldt publizierten Buch „Der Mensch im Spiegel der Hand" (1955) formuliert: Erstens: Die Deutung bezieht sich auf eine Gestalt, die als äußere Erscheinung eines „Inneren", das sich in ihr ausdrückt, aufgefaßt wird. Zweitens: Die Deutung bezieht sich auf ein Ganzes. Drittens: Eine allgemeine Gestaltidee, d. h. „Das Wesen Mensch", das im Ganzen des menschlichen Leibes verkörpert ist, erscheint auch als übergreifender Sinn von Teilen bzw. Gliedern des Leibes. So widerspiegelt die Hand das individuelle Wesen eines Menschen in ihrer individuellen Gestaltung. Viertens: Individuelle Handdeutung setzt das Vorhandensein einer Idee des Menschen und die Vorstellung von einer „Grundhand" voraus, in der sich diese Idee verkörpert. Unter „Grundhand" versteht U. v. Mangoldt die prinzipielle Bedeutung von Handrumpf mit den Bereichen ‚unten', ‚Mitte' und ‚oben', der einzelnen Finger, weiter die Akzentuierung der Innenhand durch Erhebungen (sog. ‚Berge') und die Bedeutung der einzelnen Linien (Kopflinie, Herzlinie usw.). Die mannigfaltigen Variationen dieser Grundgegebenheiten zu kennen und sie in Beziehung zu Variationen der Anlagen und der Dynamik ihrer Entwicklung und Ausformung zu bringen macht die Kunst der Handdeutung aus. Es ist ein Verstehensprozeß, dessen Ergiebigkeit und Tiefe von der Erfahrung und Reife des Deuters abhängen und dessen Schwerpunkte an der „Idee vom Menschen" orientiert sind, die ihn als Leitbild erfüllt.

Die „Idee des Menschen", die den Handdeutungen U. v. Mangoldts zugrunde liegt, wird sich dem Leser aus den Kapiteln dieses Buches offenbaren. Vorweggesagt sei nur: Es ist ein Heilsweg der Entfaltung, der sich vollzieht in der Selbstbehauptung gegenüber einer Welt feindlich oder freundlich anmutender realer Gegebenheiten, weiter als Auftrag zur Ordnung und Gestaltung und zu der Überwindung bloßer Ichhaftigkeit in der liebenden Beziehung zum Du. Diese eröffnet auch den Zugang zum „kosmischen Leben", zur Großen Natur, und zum Erleben der Transzendenz, auf die der Mensch „aus seiner Stellung zwischen Himmel und Erde" (Dürckheim) angelegt ist. Christlicher Glaube und östliche Weisheit haben diese Idee geprägt, die in mancher Hinsicht mit dem „Individuationsweg" in der Analytischen Psychologie C. G. Jungs vergleichbar ist. Doch ist hier stärker als bei C. G. Jung die Bedeutung des Willens betont.

Dies wird vor allem in Frau von Mangoldts Auffassung vom „Wesen des Schicksals" deutlich. Es ist nicht das „Unausweichliche", wie es etwa im Weltgefühl des Fatalismus erscheint, auch nicht das „eigenmächtig Selbstgestaltete", das nur von der Persönlichkeit unter mehr oder weniger günstigen Umständen geschaffene Lebensschicksal des „homo faber", sondern das uns „Zufallende", das uns „Ge-schickte", dem wir gewachsen sein müssen, um es zu erfüllen und nicht zu verfehlen. Wie ließe sich dieses Lebenskonzept besser verdeutlichen als mit den eigenen Worten der Verfasserin? Ich zitiere aus dem Kapitel: „Der Schicksalsweg im Bild der Hand": „So viele Anlagen und Möglichkeiten auch in eine Hand eingezeichnet sein mögen, es werden sich nur jene entwickeln, die der Mensch bewußt zur Gestaltung führt. Denn der Weg zur Reife ist kein naturgegebener, sondern ein geistiger, ein Weg des ‚Stirb und Werde', der oft gegen die natürliche Veranlagung gerichtet ist ... Schicksal tritt erst dort auf, wo der Mensch das ihm Zustoßende mit seinem persönlichen Leben verbindet, es als Schuld oder Prüfung, als Strafe oder Belohnung, als Weg zur Entwicklung oder Trennung, als Anspannung seiner Willenskräfte und als ganz bestimmten Bezug seines Seins erfährt, es annimmt, es bekämpft oder ihm auszuweichen versucht. Die dem Menschen vorgegebene Lebensform, das ihm eigene vitale Kraftgefüge sind bestimmend für den Raum, in dem er seinen inneren Auftrag zu erfüllen hat und dem Schicksal begegnet."

Ein wesentlicher Ertrag dieses Buches wird für den Leser sein, sich mit dieser Auffassung des Lebens- und Schicksalsweges als einer Hilfe der Selbsterkenntnis vertraut zu machen. Frau v. Mangoldt legt diese Auffassung dar am Bilde der Hand, vermittelt deren Zeichen und öffnet den Blick für die Verschiedenartigkeit der Bedingungen einer Wesensentfaltung und ihrer Gefährdungen.

Mit diesen Zeichen umzugehen erfordert für den Neuling viel Erfahrung bzw. vorsichtige Zurückhaltung in der praktischen Deutung – nicht nur anderen, sondern auch sich selbst gegenüber. Das „Schema der Handdeutung", mit dem Frau v. Mangoldt dieses Buch beschließt, ist nicht als Rezept für schnellfertige Anwendung gedacht; es ist eine Anregung, vom Bild der Hand ausgehend, über den Sinn der menschlichen Existenz nachzudenken. Dabei darf nie übersehen werden, daß die meisten Hände im Laufe eines Lebens ihren Ausdruck verändern und somit den Lebensweg in seiner Dynamik spiegeln. Diesen Raum der Freiheit hebt U. v. Mangoldt immer wieder hervor, obwohl sie andererseits durch die Analyse schon der kindlichen Hand mehr über Anlagen aussagen kann, als es sanktionierte Testverfahren vermögen. So schreibt sie: „Nichts ist im Menschen unbedingt festgelegt und unwandelbar, es sei denn, daß der Mensch sich selbst festlegt und der Verwandlung verschließt."

Freiburg i. Br., im April 1977   Hans Bender

I.

Schicksal – was ist das?

Über allen Zeiten, allen Völkern und Religionen lastet seit Anbeginn die Frage nach dem Schicksal. Es ist der Menschheit und des Menschen ewiges Fragen, das nie eine absolut feste, gleichsam mathematisch zu errechnende oder logisch zu beweisende objektive Antwort finden wird: Jeder muß sie immer wieder von neuem, ja vielleicht immer nur für sich selbst einer Lösung zuführen, die seiner Erkenntnisstufe und seiner Reife entspricht. Nur wer Sinn und Größe der Frage in sich trägt und das Geheimnis des Schicksals selbst erfahren hat, vermag die wahre, nicht nur im Rationalen sich erfüllende Antwort zu erhalten.

„Die Schicksalsidee verlangt Lebenserfahren, nicht wissenschaftliche Erfahrung, die Kraft des Schauens, nicht Berechnung." Diesem Satz Spenglers entsprechend sei aufgrund tatsächlicher Erfahrung die Frage nach Wesen und Art des Schicksals aufgeworfen und versucht, im Bilde der Hand und ihrer Signatur eine Antwort zu finden. Das Erkennen dieses Bildes führt den Menschen zu einer Selbsterkenntnis, die auch eine Erkenntnis der schicksalhaften Auswirkungen, entsprechend seinem Wesen und seiner Anlage, ist.

Jeder Organismus reagiert auf die Einwirkungen, die er unmittelbar aufnimmt, und wehrt ab, wogegen er immun ist. So wird auch der Mensch von außen nur erfahren, was er aufgrund seiner inneren Konstellation erleben kann und muß oder zu dem ihn ein Prozeß des Reifens und Bewußtwerdens hinführen soll. Die Umwelt wird ihm zum persönlichen Erlebnis, das äußere Geschehen führt zur inneren Auseinandersetzung. Der Mensch, den das Schicksal aufruft und der sich diesem Anruf nicht entzieht, lernt seine Kräfte und Möglichkeiten wie auch seine Unzulänglichkeiten und Schwächen kennen und stellt sein Leben unter Beweis. Denn man kann nur bezeugen, was man erfahren und erprobt hat, und vermag nur wirklich zu erkennen, was man in seinen Erfahrungsbereich hineinnimmt und prüft. Durch das Annehmen eines

Schicksals, das uns zu vernichten und unsere Hoffnung zu zerstören scheint und dessen Härte wir kaum ertragen können, werden unsere Ichverhaftungen und Fixierungen durchstoßen, und das zuerst Unerträgliche kann dem Gläubigen zum Fingerzeig Gottes werden, dessen Hand ihn zu sich führt.

Die Dynamik des Lebens ist von einer solchen Gewalt, daß der Mensch sich immer nur als ein Werdender von ihr mitreißen lassen kann. Sucht er Stillstand oder Geborgenheit in einem unveränderlichen oder gewohnten Verhalten, dann wird er sich nicht einmal auf der im Augenblick gewonnenen Stufe halten können, sondern wird tiefer absinken und seinen Stand verlieren. Im Prozeß der Bewußtwerdung muß der Mensch seine infantile Haltung aufgeben, die an dem festhält, was Wohlbehagen gewährt und nur nach dem verlangt, was erfreulich und lustvoll ist. Er muß bestimmte Ordnungen anerkennen, um dem Chaos zu entrinnen und Opfer bringen, um nicht jede Bindungsfähigkeit zu verlieren.

Auf seinem Weg zur Reife und persönlichen Verantwortung wird der Mensch immer von neuem gefordert und vor Entscheidungen gestellt. Indem er sich über das Triebgebundene und über seine rein egoistischen Bedürfnisse erhebt und sich der persönlichen Verantwortung nicht entzieht, weckt er seine schöpferischen Kräfte. Er vollbringt Handlungen, die seine Schwächen und Anlagen übersteigen, mißt sich mit der Welt und ihren Forderungen, wagt persönliche Entscheidungen zu treffen und sucht, durch Erkenntnis und Gestaltung, der Materie ein Neues abzugewinnen. Am Kreuzweg einer jeden Entscheidung entsteht neues Schicksal, das Antwort gibt auf das bisher Vollendete oder Gefehlte. Bei jeder Entscheidung geht der Mensch das gefährliche Abenteuer ein, daß er nicht weiß und nicht vorausberechnen kann, wie diese Zukunft aussehen wird. Nichts ist vorauszusehen, nichts endgültig, nichts bleibt für alle Zeiten das gleiche. Der Mensch steht im Prozeß des Werdens und der Verwandlung und muß sich mit einem Unbekannten und Ungewissen auseinandersetzen.

Menschsein bedeutet Werden, Verantwortung tragen und sich entscheiden. Wer sich den Forderungen des Lebens und damit auch dem Schicksal stellt, erlebt die dem Menschen verliehene höchste Macht des Schöpfertums.

Im gleichen Maße, in dem er vom Schicksal erfaßt und gerufen wird, lebt er sein eigenes Wesen und stellt sich selbst, seine Kraft und sein Können unter Beweis. Wie der Mensch sich entwickelt und verändert, so wird sich auch sein Schicksal mit ihm wandeln. Es zeigt ihm die Wege, die er gehen soll, gibt ihm die Waffen in

16

die Hand, mit denen er kämpfen muß, um zu seiner Bestimmung zu finden. Nur im Kampf und Einsatz lernt der Mensch seine Kräfte und Möglichkeiten erkennen, erproben, einteilen und die notwendigen Gegengewichte einschalten.

Wie viele Kräfte werden durch Unrast, Angst und vorweggenommene Sorgen sinnlos vergeudet, wieviel Zeit aus Mangel an Einteilung und Ordnung, aus Unkenntnis der Aufgaben und Ziele unnötig verbraucht. Der Mensch wartet, was der Zufall bringt, was Laune und Stimmungen ihm eingeben; er setzt seine Kräfte für falsche, sinnlose Zwecke ein, verschiebt Auseinandersetzungen, die dadurch an Gewicht und Belastung zunehmen, alles nur, weil er nicht um die eine, ihm wesenseigene Aufgabe seines Lebens weiß.

Wenn der Mensch sich seinen Aufgaben verschließt, greift das Schicksal ein und versucht, ihn zur Selbsterkenntnis zu führen. Wer auf die Stimme des Schicksals hört, so hart und schwer sein Ruf auch ertönen mag, der wird sich seiner Anlagen und Begabungen bewußt und erkennt aus der Vielfalt von Möglichkeiten die Aufgabe und Bestimmung, die er in seinem Leben zu erfüllen hat. Aus der Erkenntnis seines innersten Wesens vermag sich der Mensch auch in seiner äußeren Erscheinung zu verwandeln, und in der Entfaltung seiner irdischen und geistigen Bestimmung arbeitet er mit an der Verwandlung seines Schicksals.

Denn wesentlich für die schicksalhafte Auswirkung eines Geschehens ist nicht das äußere Ereignis an sich, sondern die Entwicklungsreife des Menschen, die Stärke seines Willens und die innere Bereitschaft zum Schicksal mit all seinen Konsequenzen. Äußeres Geschehen und innere Notwendigkeit müssen zusammentreffen, um Schicksal zu schaffen. Die äußeren Ereignisse würden ihre Wirkung verlieren, fänden sie keinen Gegenpol im Wesen des Menschen, wäre er nicht zu ihrer Aufnahme bereit, schüfe er nicht damit als einzelner und als Teil des Ganzen bewußt oder unbewußt die Voraussetzungen zum eigenen und zum Schicksal der Völker.

Träfe das Geschehen den Menschen nur als blinder, von außen einbrechender Zufall, dann müßte es alle mit derselben Unerbittlichkeit erfassen. Das Schicksal des einzelnen aber ist ein einmaliges, ein nur zu ihm, zu seinen Anlagen, Möglichkeiten, Aufgaben und Notwendigkeiten gehörendes. Selbst das Generationsschicksal ist in seiner Auswirkung auf den einzelnen so verschieden, wie die davon Betroffenen unter sich verschieden sind. Im Augenblick einer Gefahr, die alle gleich bedroht, werden die Gedanken und

Reaktionen der Menschen in ihrer Art und Tiefe sich niemals gleichen. Jeder denkt an das, was ihm am wichtigsten erscheint; er wird dort getroffen, wo er verletzbar ist oder wo er bei der Lösung seiner Lebensaufgaben am meisten versagte. Was der einzelne an Eigenschaften und Lebenskräften bewußt oder unbewußt in sich entwickelt hat, wird aufgerufen und aus der Fülle von Möglichkeiten herausgehoben. Wie jeder Organismus nur auf das reagiert, was ihn berührt und bedingt, so wird auch der Mensch von außen nur erfahren, was er aufgrund seiner inneren Voraussetzungen von innen erleben kann und muß. Die Umwelt wird ihm zum persönlichen Erlebnis, das äußere Geschehen zur inneren Auseinandersetzung.

Die Eigenart und innere Haltung, mit der der Mensch ein Geschehen aufnimmt, auf dieses Geschehen reagiert und damit in den Wandel der Zeiten eingreift, ist bestimmend für die Welt, die ihn umgibt. Er kann das Geschehen an sich nicht ändern; seine Einstellung aber zu den Ereignissen verändert sich und damit auch das Schicksal, das diese innere Haltung aus dem Allgemeingeschehen anzieht und zum persönlichen Schicksal macht.

Wer aber die eigenen Entscheidungen vermeidet und den Reibungen und Erlebnismöglichkeiten des äußeren Daseins ausweicht, wird sich immer mehr von dem tatsächlichen Leben entfernen und sich in Selbsttäuschung und Phantastereien verstricken. Aus Angst vor der bewußten Stellungnahme entstehen innere Hemmungen und Verdrängungen, die im Unbewußten Gewalt über den Menschen gewinnen und zum Teil unabhängig von seinen willensmäßigen Entscheidungen ein unruhiges, das bewußte Leben belastende Eigendasein führen. Der Kampf, der nicht im Außen, in bewußter Auseinandersetzung und Entscheidung geführt werden kann, wird in das Innere, in das subjektive Erleben und Erleiden gelegt. So gestaltet sich der Mensch unbewußt ein Schicksal, dessen leidvolle Auswirkung er an sich schmerzlich erfahren muß. Die Flucht vor bewußter Entscheidung, die auch in ihrem negativen Sinn schon eine Entscheidung ist, führt gerade das herbei, was der Zögernde vermeiden will: eine Schwächung und Erstarrung seiner Lebenskräfte und damit eine Übermacht des Schicksals, gegen das sich der des Kämpfens Entwöhnte nicht mehr zu wehren vermag.

Mit jeder Entscheidung nimmt der Mensch eine Gefahr auf sich. Doch wer sich dem Geschehen stellt, erlebt die dem Menschen verliehene höchste Macht des Schöpfertums. Er stellt eine selbstbewußte Tat heraus, vollbringt eine Handlung, in der er sich über das Geschöpfsein erhebt und sich mit den Kräften der Umwelt und dem äußeren Geschehen mißt. Im Augenblick der Tat und Entscheidung wird der Mensch sich seiner geistigen Kraft und der Freiheit seiner Wahl bewußt. Doch indem er die Folgen bejaht und auf sich nimmt, stellt er sich in seinem Geschöpfsein wieder unter die Macht des Schicksals.

So steht der Mensch als einziges Wesen der Schöpfung in der Mitte von Schöpfertum und Geschöpfsein. Wer sich den Entscheidungen und Auseinandersetzungen stellt, sich von seiner Ichverhaftung löst und doch in seiner Einsamkeit noch gebunden bleibt, wer seinen Trieben gegenübersteht, sich gegen sie wehren, sie erforschen und begrenzen kann und sie doch in seiner Tat zu verfestigen sucht, wird das äußere Geschehen als Anstoß zu inneren Entscheidungen erkennen und äußere Schicksalsschläge in das persönliche Reich des inneren Erlebens hineinnehmen.

Die Freiheit der Wahl und Entscheidung ist dem Menschen gegeben wie die Möglichkeit, zu irren und zu fehlen. Je mehr der Mensch in seiner Ichhaftigkeit von dem Sinn seines Lebens abweicht, je weniger er seine Kräfte und Möglichkeiten harmonisch entwickelt und gestaltet, um so stärker verdichtet sich das Schicksal auf dem Weg zu innerer Erkenntnis und Reifung.

Wie oft wird der Einwand erhoben, daß gerade das Vermögen zur Selbsterkenntnis Teil der Vorbestimmung ist, daß der Willensakt, sich zu ändern und zu geistiger Reife emporzuwachsen, miteinbezogen ist in die Anlagen und Möglichkeiten des Menschen, mitbestimmt von der Art seines Charakters, seiner Erziehung und Umgebung. Dem einen sei es gegeben, latente Fähigkeiten zu entfalten, sich zu entwickeln und zu verwandeln, der andere aber sei hierfür zu schwach oder belastet. Gewiß hat nicht jeder die gleiche Willensenergie und Durchsetzungskraft, nicht jeder die gleiche geistige Erkenntnis und Reife. Doch wichtig ist seine Entscheidung für den Auftrag, den das Leben ihm stellt und dessen Erfüllung das Schicksal von ihm fordert. „Wo am meisten gefordert wird, dort wird auch am meisten entstehen. Und es besteht nur eine Voraussetzung, daß diese Forderung ganz und gar begriffen und als ein neues Leben ergriffen wird. Daran hängt die Entscheidung, daß der Gedanke nicht übernommen und getragen, sondern daß er aufs neue geboren wird in dem einzelnen und in ihm zu wachsen beginnt und eine jede Kraft des Menschen, in dem er lebt, sich unterwirft. Er wird zerstören; er wird zur Vollendung treiben, indem er zerstört. Im Ring des Todes allein gelingt die Erfüllung, so wie im Ring der Erde allein der Mensch, ein Gefangener seiner Tat, einer

Wirklichkeit genügt, die nicht von der Erde ist (Reinhold Schneider im Vorwort zu den „Hohenzollern").

Der Gedanke, von dem Schneider spricht, ist die Idee, unter der das Leben des Menschen steht, der er seine Neigungen und Handlungen unterwerfen muß, um die Aufgabe seines Lebens erfüllen zu können. Nur wenn diese Idee ganz von ihm Besitz ergriffen hat, vermag er den Versuchungen, Irrwegen und Ablenkungen zu widerstehen und die triebhaften Kräfte zu überwinden, die den Menschen um so stärker von seinem Weg fernhalten, je höher das Ziel ist, das seine Sehnsucht erwählt hat.

Freiheit bedeutet nicht, daß man etwas beliebig tun oder lassen kann, daß man Bindungen auflöst und sich aus Ordnungen und Vorgegebenheiten herausstellt, es bedeutet auch nicht Freisein von schicksalhaftem Geschehen und ist kein Freibrief für willkürliches Tun, sondern ist unmittelbares ursprüngliches Leben aus dem ganz persönlichen Sein heraus und in Übereinstimmung mit diesem. Es gibt ein inneres Sein, das nicht aus Triebregungen stammt, auch nicht aus Fühlen und Denken, ebensowenig aus einer festgelegten Regel, einem auferlegten Begriff der Sittlichkeit oder Pflicht. Diesem Inneren zu folgen ist die Freiheit, in der ein Mensch unauswechselbar und einmalig mit einer bestimmten Aufgabe und zu einem ihm zugehörenden Ziel in die Welt hineingestellt wurde. Wenn also dieses persönliche wesenhafte Sein übereinstimmt mit dem, was der Mensch im Außen darstellt und wirkt, dann hat er seine Freiheit erlangt. Anders ausgedrückt: Er ist frei, wenn er will, was er kann – nicht, was er muß oder soll. Das Kann hat seinen Bezugspunkt nur in dem, was dem Wesen entspricht. Die meisten Menschen aber leben nach dem Grundsatz: Ich kann, was ich will, und nicht nach dem, was ich verantworten kann.

Doch es ist nicht leicht, immer das zu erkennen, was unser Auftrag in einer bestimmten Situation ist. Wenn wir zwischen zwei Möglichkeiten entscheiden sollten, drängt uns ein ethisches Gesetz oft dazu, das zu tun, was uns am schwersten fällt, oder wir versuchen, der Antwort auszuweichen. Diese aber könnte lauten, daß unsere freie Entscheidung dort liegt, wo unser Wesen am meisten angesprochen wird.

Freiheit gehört zum Wesen des Menschen, das im geistigen Sein wurzelt. Je stärker sich der Mensch aus den elementaren Bindungen löst, um so freier wird er. Frei zum Erfüllen seines persönlichen geistigen Auftrags, in dem seine Einmaligkeit, seine Würde, seine „Menschlichkeit" liegt. Wer den Menschen in seiner körperlichen Erscheinungsform betrachtet, sieht allein seine Unfreiheit durch

Beschränkung der Umwelt oder seiner Anlagen. Das Leben ist eine Häufung von Gebundenheiten, die einen freien Willen unmöglich machen. Freiheit kann es nicht geben, wenn der Mensch von Affekten, Aggressionen und Leidenschaften getrieben wird. Auch nicht, wenn er sich rein zweckmäßigen Forderungen unterstellt. Die Freiheit verlangt einen Standort, der sich über die gegebenen Situationen erhebt. Darum ist sie nicht möglich in einer raumzeitlichen Begrenzung, sie wird immer nur eine unerfüllte Sehnsucht bleiben, die dieses Leben übersteigt und erst dort endet, wo alles Erdhafte seine Erlösung findet. Die Freiheit öffnet den Weg zu einer höheren Dimension. Für den Menschen gibt es nur die Freiheit, das Schicksal zu bejahen oder es zu verleugnen, zu verbittern oder die Sternenstunde zu beachten, die des Menschen Sinnen und Denken für die Aufgabe seines Lebens bereitmachen will.

II.

Wesen und Schicksal im Bild der Hand

---

1. Die Hand als Spiegel des Menschen

a) Handdeutung aus anthropologischer Sicht

Wer von Handlesen, Chirologie, redet oder sich selbst mit der Deutung der Hand beschäftigt, wird von vielen mißtrauisch, zumindest skeptisch, beurteilt und gern unter die Kategorie der Wahrsager eingereiht. Ein solches Mißverständnis würde sich aufklären, wenn die Kritiker sich stärker mit den Aussagemöglichkeiten der Hand beschäftigen und tiefer in dieses Wissen eindringen würden, anstatt etwas abzulehnen oder mit negativem Vorurteil zu belegen, was sie im wesentlichen nicht kennen.

Es wird auch gegen das Handlesen eingewendet, es sei keine wissenschaftliche Disziplin, diese aber allein habe Daseinsberechtigung in unserer rational bestimmten Zeit. Solcher Einwand beruht auf dem Mißverständnis, daß die Deutung der Hand mit ihren Formen, Linien und Zeichen einer naturwissenschaftlichen Erkenntnismethode zugehöre, die nach kausalen Zusammenhängen, nach Ursache und Wirkung fragt.

Natürlich sind aus gewissen Anzeichen der Hand, wie Färbung, Spannung, Weichheit, Gichtknoten oder Flecken, diagnostische Feststellungen zu gewinnen. Sie werden für die Medizin von Wichtigkeit sein, geben aber keine Auskunft über die Deutungsmöglichkeit der Hand. Diese besteht nicht im Feststellen von Symptomen, auch nicht in der Diagnose einer Krankheit, sondern bezieht sich auf den Menschen, auf seine Anlagen und Fähigkeiten, auf die Erkenntnis der ihm zur Verfügung stehenden Möglichkeiten und auf die Gestaltung seines Lebens- und Schicksalsweges. Handdeuten gehört somit in den Bereich der Anthropologie, der Lehre vom Menschen.

Um etwas vom Menschen aussagen zu können, müssen wir um sein Dasein und seine Bestimmung wissen. Mit Dasein ist das tatsächliche Da-sein eines Menschen in der Welt gemeint, unabhängig von jeder philosophischen Erklärung oder rationalen Untersuchung und Theorie seiner Existenz. Der Mensch ist da in seiner leib-seelischen Einheit, in seinem Charakter, seiner Verhaltensweise, in seinen positiven wie negativen Eigenschaften und mit allen Gegebenheiten, die sein persönliches Sosein ausmachen.

Über die geistigen Kräfte und die Freiheit, die einem Menschen gegeben sind, vermag ein Hand keine Aussagen zu machen. Nur an den Wirkungen eines inneren Verhaltens, die das Ausdrucksfeld der Hand, wenn auch nur in einem geringen Maß, verändern, lassen sich Rückschlüsse auf seine schöpferische Dynamik ziehen. Die Hand kann nicht mehr aussagen als das, was ein Mensch in seinem Sosein verkörpert und worauf seine Bestimmung hinzielt. Was er tatsächlich wird, kann die Begrenzungen seiner Anlagen durchbrechen und damit auch den Raum der Aussagemöglichkeit.

Man kann in der Hand nicht einen genauen Ort für den Seelenraum des Menschen, für sein innerstes Selbst bestimmen. Das Geheimnis Mensch läßt sich in keiner raumzeitlichen Erscheinungsform erfassen. Das alles Irdische übergreifende Sein, das Ewige, das durch das Seiende hindurchscheint, mit einem Wort: das Geistige oder Göttliche im Menschen, wird nicht in der Hand sichtbar, da der Mensch hierüber nicht verfügen, es also nicht als einen Besitz in irgendeiner Weise manipulieren kann. Nur das mehr oder weniger starke Angewiesensein eines Menschen auf die Transzendenz und seine Sehnsucht, sich selbst zu übersteigen, kann sich im Ausdrucksfeld der Hand niederschlagen.

Die Deutungen der Hand und die Erkenntnisse, die der Deutende aus der Sprache der Hand über den Menschen gewinnt, betreffen eine lebendige Person, nicht ein Objekt, und sind der Dynamik des Lebens unterworfen, in der alles im Fluß ist. Darum kann man nicht einzelne Zeichen und Formen aus dem großen Zusammenhang herausnehmen und für sich allein betrachten, sondern muß das Ganzheitliche im Erscheinungsbild hervorheben und alle Aussagen auf einen Punkt hin konzentrieren. Auch wenn man die einzelnen Bedeutungen der Zeichen in Außen- und Innenhand beurteilen kann, ist es nur möglich, die Eigenart eines Menschen zu erkennen, wenn die Grundgestimmtheit des Betreffenden mit erfaßt wird.

Hierfür bedarf es mehr als einer Analyse oder Methodik. Die Begegnung mit einem anderen, die sich im Bereich der Hand ergibt, kann sich nur in persönlicher Vertrautheit und Verantwortung vollziehen. Sonst besteht die Gefahr, daß diese nicht zu einer Selbsterkenntnis führt, sondern nur zu einer Anhäufung von Fakten, die sich mit Lebensereignissen beschäftigen, letztendlich aber nicht von existentieller Bedeutung sind. Wenn das Handdeuten nicht zu einer Theorie oder Beantwortung rein materieller Fragen degradiert werden soll, muß ein Innerseelisches bei der Deutung mitschwingen, das zugleich mit dem Feststellen von Charakterzügen und Möglichkeiten auch die Bestimmung des Lebensweges und seine Zielsetzung miteinschließt.

Bei einer Handdeutung kann ein Abdruck benutzt oder der Mensch, mit Ausnahme seiner Hand, abgeschirmt werden. Theoretisch ist dies möglich, aber es würde von der anthropologischen Sicht aus eine Verstümmelung des ganzheitlichen Menschen bedeuten und zu keiner wahren Begegnung führen. Nur im Ausnahmefall ist ein Abdruck zu nehmen, denn das Einbeziehen des ganzen Menschen wird vielschichtiger sein als eine Hand, die einem Objekt gleich analysiert wird.

Ohne Kenntnis des Menschen ist das äußere und innere Niveau durch die Feinheit oder Grobheit der Linie, durch das Überwiegen des Rumpfes oder der Finger, durch Breite oder Sensibilität einer Hand zu erkennen. Es ist aber auch möglich, daß hier Unstimmigkeiten bestehen, und ein Mensch, dessen kulturelles oder soziales Milieu über dem Durchschnitt liegt, sehr materielle Züge in der Hand aufweist. Oder es findet sich eine zarte, seelenhafte Hand bei einem Menschen, der – eben durch diese Züge – aus seiner materiell gerichteten Umwelt herausfällt. Der Mensch, der aus dem Symbol seiner Hand in Erscheinung tritt, kann die Begrenzungen durchbrechen, die ein bestimmtes Niveau vorausbestimmt. Er kann auch zurückbleiben hinter dem, was man seiner Umwelt nach von ihm erwartet.

Es geht im Grunde bei einer Handdeutung nicht um den Menschen in einer bestimmten äußeren oder gesellschaftlichen Stellung, wenn diese auch fördernd oder hemmend auf seine Entwicklung einwirken kann, sondern es handelt sich um den Lebens- und Schicksalsweg eines einzelnen in seiner Besonderheit, die sich aus seinen Möglichkeiten und Anlagen ergibt. Der Maßstab, der an seine Entwicklung angelegt wird, richtet sich nach den Gegebenheiten, über die er verfügt. Tendiert er stärker zum Geistigen hin, muß sein Weg unter diesem Aspekt verlaufen. Ist sein Trieb die stärkste Potenz des Lebens, muß er versuchen, diesen in rechter Weise zu leben und seine Dynamik in den Dienst seelischer Antriebe zu stellen. Handelt es sich um einen rational veranlagten Menschen, wird ihm eine andere Aufgabe gestellt sein als dem gefühlsbetonten. Man kann nichts gegeneinander auswerten oder bewerten. Jeder ist an seinen vorgegebenen Ort gestellt und kann nur von ihm aus seinen Lebensweg gehen. Der eine hat mehr Spannungen zu bewältigen, der andere, der einen harmonischeren Weg gehen darf, wird vielleicht im Raum seiner Sehnsucht stärkeren Belastungen ausgesetzt sein. Einem anderen wieder sind, um im Gleichnis zu sprechen, mehr „Talente" gegeben, dafür wird er auch größere Verantwortung tragen.

Eine harmonische Hand kann die Gefahr andeuten, daß der Mensch in einem oberflächlichen Zufriedensein verharrt, keine schöpferischen Kräfte aktiviert und seine Tiefen nicht erreicht, während Spannungen und Auseinandersetzungen, die sich in der Hand ausdrücken, zum dynamischen Antrieb werden können, der die ichgebundenen Wünsche übersteigt. Ein Mangel an Impulskraft vermag bewußte Anstrengungen herauszufordern, während zuviel Gefühlsbelastung den Weg zur Wirklichkeitsbewältigung verhindern kann. Jedes Leben hat einen anderen Beginn, eine andere Richtung und ein anderes Ziel. Die Aufgabe des Menschen liegt allein darin, aus seinen Anlagen ein Gesamtgefüge zu formen, aus den Möglichkeiten eine Bestimmung herauszulesen, die Gegebenheiten auf ein Ziel hin zu richten und das Zerstreute in einer sinnvollen Ordnung zu sammeln. Deshalb ist es notwendig, die Besonderheiten einer Hand zu erfassen und den Menschen zur Erkenntnis seiner selbst zu führen.

Die Handdeutung aus anthropologischer Sicht kann in manchen Fällen von therapeutischer Wirkung sein. Ein Mensch zum Beispiel, der sich seinen Problemen nicht stellen will oder seine Schwierigkeiten verdrängt, sieht sich plötzlich einer Situation gegenübergestellt, in der er sich wie in einem Spiegel erblickt. Oder er nimmt ein Wort auf, das in seine Seele dringt und dem er nicht mehr auszuweichen vermag. Ich habe selbst erlebt, wie die Aussagen der Hand einem Menschen Wege öffneten, die ihm bisher nur als Sackgassen erschienen, oder wie ein anderer einen heilsamen Schock erhielt, als er einen Augenblick innewurde, wieviel Illusionen er sich bisher gemacht hatte, die seinen wahren Charakter verdeckten.

Sicher kann es wichtig sein, aus der Hand Hinweise auf Charakter und Berufseignung herauszufinden. Hierfür aber gibt es auch andere Wege, wie psychologische Teste, Physiognomie und Graphologie. Auch Gang und Haltung eines Menschen, ebenso Zeichnen oder kreative Spiele sagen etwas aus über seine Art zu denken, zu wollen oder zu fühlen und über Stärken und Schwächen, die in ihm angelegt sind. Die Aussagen der Hand aber reichen noch in eine andere Dimension, in der sich Lebens- und Schicksalsweg abzeichnen und der Mensch den Sinn und Auftrag seines Lebens erkennt oder verfehlt.

Erst diese Beziehung zu einem Innerseelischen unterscheidet den Menschen von der sonstigen Schöpfung und läßt ihn durchsichtig werden auf eine Transzendenz, die auch die Hand in ihrer Einmaligkeit bezeugt. Um dies zu erkennen, müssen wir ihren Aussagen die Idee Mensch zugrunde legen. Anders ausgedrückt: Die Grundidee, die der Mensch verkörpert, muß sich in einer Grundhand ausdrücken. Jeder einzelne Mensch wird von diesem Urbild abweichen, ebenso wie die besondere Hand nur eine Abwandlung der Idealhand ist. Dennoch ist diese Ausgangspunkt der Handdeutung, die sich auf den Menschen an sich bezieht und Aussagen macht über seine Bestimmung und seinen Weg.

Der Mensch ist einer Ordnung eingegliedert und wird an einem Maßstab bemessen, dem symbolisch die Zwei oder Drei zugrunde liegt. Die Eins läßt sich als ungeteilte Einheit nicht in raumzeitlichen Bemessungen ausdrücken. Sie ist Zeichen der absoluten Vollendung. Die Zwei dagegen symbolisiert den Dualismus, das Geteilte und sich Bekämpfende oder die gegenseitige Ergänzung. Im Bild der Drei findet das Auseinandergefallene, Anfang und Ende, Oben und Unten ihre Mitte. Bei der Hand des Menschen zeichnet sich die Symbolik der Zwei und Drei auf verschiedene Weise in ihrer Einteilung ab.

Die Zweiteilung ergibt sich einmal aus der unterschiedlichen Bedeutung von Handrumpf und Fingern, zum anderen aus der Vertikalteilung der Innenfläche. In der harmonischen Hand übertreffen die Finger in ihrer Gelöstheit und Differenziertheit, als Zeichen des speziell Menschlichen, um ein weniges den Handrumpf, der die Verwurzelung im Irdischen ausdrückt. Beide aber gehören zusammen als Merkmal des Menschen, der, von Trieb und Lebensdrang erfüllt, eine Entwicklung vollzieht, die sich aus der Gegebenheit seiner Natur löst und über seine Wurzeln hinausragt.

Eine weitere Zweiteilung liegt in der vertikalen Gliederung der Hand, die zwar die Finger miteinbezieht, am deutlichsten aber die Innenfläche betrifft, die Kraftfeld des inneren Menschen ist. Eine fingierte Linie vom Mittelfinger zum Handgelenk – manchmal entsprechend einer vorhandenen Linie – teilt den Innenraum in die Ich- und Du-Seite (Abb. 1). Die aktive Daumenseite, die vom unteren Ballen an den Raum bis hinauf zum Mittelfinger einschließt, spiegelt zuunterst Ichbehauptung und Vitalkraft. Die Entwicklung des Menschen beginnt in diesem Bereich der Natur, formt und festigt sich auf der Stufe des bewußt gewordenen Selbstseins und der Auseinandersetzung mit der Welt und mündet ein in die Ganzheit des übernatürlichen Lebens. Auf der gegenüber-

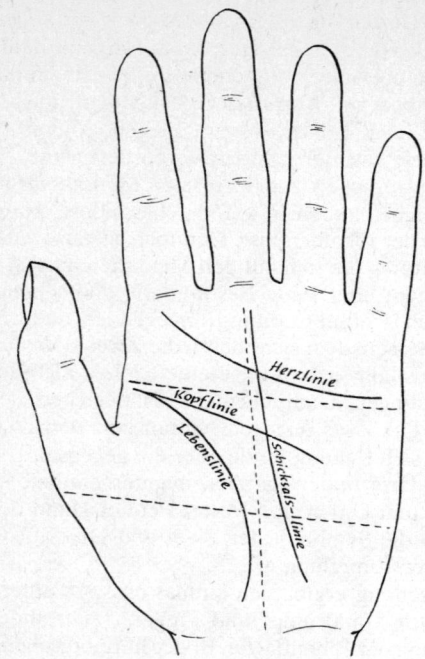

Abbildung 1

liegenden passiven Kleinfingerseite zeigen sich, von unten nach oben gelesen: der Bereich des Unbewußten, die Einflüsse von Du und Umwelt und die Innerlichkeit eines empfangsbereiten Menschen.

In dieser Teilung trennen oder begegnen sich Ich und Welt. In einer harmonischen Hand geschieht der Übergang von der einen zur anderen Seite auf gleicher Höhe.

Die Dreiteilung der Innenfläche kann durch zwei fingierte Querlinien aufgezeigt werden. Dem geübten Handleser ergibt sich die Einteilung ohne Schwierigkeit, dem Anfänger aber können diese Linien von Nutzen sein. Die erste Horizontale beginnt am Ansatz des Daumens und durchquert vom unteren Ende seines zweiten Gliedes aus die Handfläche bis zur Gegenseite. Die andere verläuft parallel zu dieser und nimmt ihren Anfang zwischen Daumen und Zeigefinger (Abb. 1).

Durch die beiden Horizontalen werden drei Räume gekennzeichnet, die in der Grundhand gleich lang sind, während in der

Paul Tournier
Durchbruch
zur Persönlichkeit

Band 621 :: 224 Seiten

Die meisten Menschen tragen eine Maske, die sich unbewußt unter dem Druck der sozialen Verhältnisse gebildet hat. Sie dient der Selbstbehauptung und der reibungslosen Anpassung an die Umwelt. Aber sie entfremdet uns von den Mitmenschen und vor allem von uns selbst. Darum leiden wir oft darunter. Wie finden wir wieder zu uns selbst? Das ist eine der bedrängendsten Fragen unserer Zeit. Der Autor bringt den Leser im Gespräch behutsam auf den Weg der Selbsterfahrung. Anhand vieler Beispiele aus seiner weltbekannten psychotherapeutischen Praxis zeigt er ihm, wie echte Personalität zum Durchbruch kommen kann. Wir brauchen nicht an Etiketten und Rollenzwängen zu ersticken.

in der Herderbücherei

Dr. med. Rüdiger Rogoll
Nimm dich, wie du bist

Wie man mit sich einig werden kann
Eine Einführung in die Transaktionsanalyse

Band 593 · · ·   144 Seiten, 2. Aufl.

Viele Schwierigkeiten, die uns das Leben sauer machen,
entstehen dadurch, daß wir mit uns selbst nicht einig sind.
Da revoltiert das „Kind in uns" gegen das, was wir als
Erwachsene tun wollen. Oder Lebensregeln, die uns im
Elternhaus eingeschärft wurden, machen uns befangen und
hemmen uns im Umgang miteinander. Die Transaktionsanalyse stellt eine einfache Methode dar, um die inneren
Konflikte aufzuarbeiten und mit sich selbst ins reine zu kommen. Mit dieser Kurztherapie hat man in kurzer Zeit große
Erfolge erzielt. Der Autor zeigt anhand vieler Beispiele aus
der Beratungspraxis, wie man diese Methode auf sich selbst
anwenden kann, um zu erreichen, was das Buch verspricht:
mehr Freude am Leben.

in der Herderbücherei

Hand des einzelnen im allgemeinen der untere Raum am stärksten betont wird. Dieser zeigt vitale Triebmächtigkeit und die Kraft des Unbewußten als Grundlage der Daseinsbehauptung und der Empfänglichkeit im noch vorpersönlichen Bereich.

Der von den Horizontalen begrenzte mittlere Raum gehört der bewußten Lebensgestaltung und Auseinandersetzung mit Du und Welt. Der oberste Raum, der vom Ansatz der Finger begrenzt wird, läßt die Kräfte der Sehnsucht und Liebesfähigkeit erkennen.

Alle Bereiche der Hand werden von Erhöhungen, den sogenannten Bergen, geprägt und von Linien durchzogen. Das Relief der Berge sollte weder zu stark noch zu unentwickelt sein. Sonst sind sie Ausdruck von Übermaß oder Mangel und lassen die Ausgeglichenheit vermissen, die in einer Grundhand zur harmonischen Ausgewogenheit gehört.

Die Berge lassen die dem Menschen innewohnenden Potenzen erkennen, während in den Linien, in ihrem Ursprung, ihrem Verlauf und Ende, die Anlagen, Begabungen und Schwierigkeiten zutage treten, mit denen der Mensch seinen Lebensweg begeht. Die Gestaltkräfte und die Funktionen, die Neigungen und Triebstrebungen empfangen, ebenso wie die Züge der menschlichen Lebensweise, im Gesamtgefüge einer besonderen Hand ihre eigene Wertung. Das Fortfallen irgendeines Bereiches in der Grundhand, die der Grundidee des Menschen entspricht, würde die Ordnung und Gesetzmäßigkeit des Lebendigen sprengen (Abb. 2).

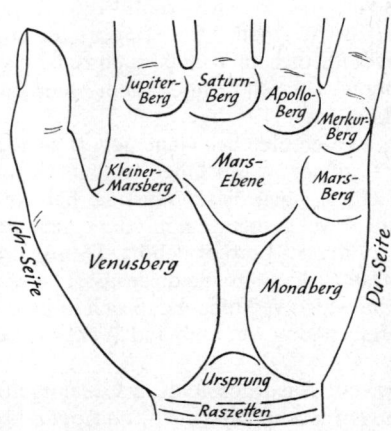

Abbildung 2

Sicher gibt es in Wirklichkeit keine Idealhand. Das Absolute unterliegt in jedem Erscheinungsbild Abwandlungen, die es verdunkeln. Diese Trübung geschieht entsprechend den Veränderungen, in denen der besondere Mensch sich von seinem Urbild unterscheidet. Und doch scheint diese Uridee Mensch durch alle gesonderten einzelnen Menschen hindurch und läßt sie Anteil haben an dem Einmaligen, das Menschsein bedeutet.

b) Das Ganze spiegelt sich in seinen Gliedern

Das lebendige Ganze spiegelt sich in jedem seiner Glieder oder Teile. Das bedeutet, daß einem Gesamtgefüge ein Sinn innewohnt, der in seinen Gliedern zum Ausdruck kommt. Die lebendige Ganzheit besteht also nicht nur aus verschiedenen Teilen, sondern in ihr finden die Teile einen übergeordneten Sinn. Deshalb ist auch das Gesamt mehr als das Zusammenfügen auseinandergelegter Teile. Die Ganzheit kann nicht ohne ihre Teile bestehen, so wie auch die Teile nur in einem umfassenden Ganzen existieren können. Hierin unterscheidet sich ein lebendiges Gesamt von einem mechanischen Gebilde, in dem keine Wechselwirkung und kein dynamischer Austausch sich vollziehen.

Deshalb können wir zum Beispiel zwischen einer Affen„hand" und einer menschlichen unterscheiden, auch wenn die Tatze des Affen menschliche Züge trägt und in einem gewissen Sinn eine Fingerhand ist. In ihr sind die Proportionen von Handrumpf und Fingern anders verteilt und zeigen damit die Zugehörigkeit zum Affen an. Würden wir einen Affen„finger" für einen menschlichen halten, so stände dies im Widerspruch zu dem vorher Gesagten. Denn in ihm würde sich nicht ein dem Menschen übergeordneter Sinn verkörpern.

Der Finger einer menschlichen Hand gehört zu dem Gesamt der Hand, und diese wieder ist ein Glied in dem Gesamtgefüge des menschlichen Leibes. Nach dieser Aussage hat der Finger einer besonderen Hand etwas gemeinsam mit der ganzheitlichen Gestalt des Menschen, zu dessen Leib er gehört. Wenn wir einen Finger als Glied einer Hand erkennen und diese als Teil des menschlichen Leibes, dann können wir verstehen, daß sich in ihm ein Leibliches und durch die Verbindung von Leib und Seele auch ein Seelisches abzeichnet.

Der Finger ist ein Ausdrucksfeld im Gesamtgefüge des Menschen. Man kann etwas Ähnliches auch von Kopf und Gesicht eines

Menschen sagen, wenn wir zum Beispiel seine Nase, seine Stirn, seine Ohren betrachten und aus diesen Teilen Rückschlüsse auf den ganzen Menschen und gewisse charakteristische Züge von ihm ziehen.

Es drängt sich leicht eine Entsprechung zwischen der Hand und dem Auge auf, wenn man von einem Glied im Gesamtgefüge des Leibes spricht. Und doch liegt in diesem Vergleich ein Unterschied. Wohl vermag der Arzt aus Spuren, Flecken, Farbpunkten im Auge Diagnosen zu stellen, die sich auf Erkrankungen bestimmter Organe beziehen und als Symptome zu werten sind. Gewisse Krankheitsdiagnosen ergeben sich auch aus Anzeichen der Hand, aber hierin liegt nicht das wirkliche Anliegen des Handlesens. Dieses bezieht sich auf die Hand als ein Glied des ganzheitlichen Menschen und deutet die in der Hand enthaltenen Merkmale als Erkennungszeichen eines Gesamtgefüges, das sich in einer ganz bestimmten Weise im einzelnen ausdrückt.

Jede theoretische Methode und Deutung kann sachliche Feststellungen machen und Teile für sich gesondert betrachten. Sobald es sich aber nicht um Funktionen, um Leistungen oder Reaktionen eines Menschen handelt, die man abstrahieren und in sich selbst beurteilen kann, sondern um die Ganzheit Mensch, kann die Deutung eines Fingers, des Rumpfes oder der Innenfläche einer Hand nur im Zusammenhang mit dem Menschen und der Weise seines Menschseins geschehen und die Möglichkeit aufzeigen, wie er seinem Auftrag entspricht.

Bleiben wir bei den Fingern. Nach dem Grundsatz, daß die Glieder das übergeordnete Ganze, in diesem Fall die Idee des Menschen, verkörpern, betrifft die Feststellung, die wir über die Finger machen, eine dem Menschen an sich zugehörende Eigenart. Die Beweglichkeit der Finger, die Möglichkeit des Daumens, sich den anderen vier Fingern gegenüberzustellen, dies alles ist Sinnbild der im Menschen angelegten Weise, das Triebgebundene zu überschreiten und sich der Transzendenz zuzuwenden.

Vom Daumen ausgehend, läßt sich eine Stufenfolge bis zum kleinen Finger hin erkennen, die sich in der Form eines Dreiecks abzeichnet. Die unterste Linie, das Fundament dieses Dreiecks, bilden die Ansätze der Finger, sein höchster Punkt ist der Mittelfinger. Die beiden Seiten werden von Zeige- und Ringfinger gebildet. Wenn man das Dreieck vergrößert, werden der angelegte Daumen und der kleine Finger miteinbezogen. Der Lebensweg des Menschen zeichnet sich in der Stufenfolge der Finger und in ihrer Dynamik ab (Abb. 3).

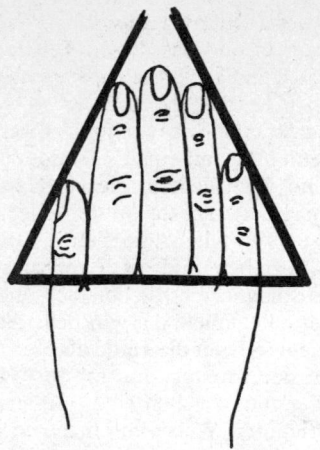

Abbildung 3

Der eine Schenkel des Dreiecks verläuft vom Aufbruch der vitalen Lebenskraft – im Zeichen des Daumens – über das erwachende Selbstbewußtsein, das der Zeigefinger darstellt. In diesem Finger äußert sich der Mensch in seinem Führungsanspruch und dem Willen zur Selbstentfaltung. Mit ihm zeigt er und gibt eine bestimmte Richtung an, er stellt mit ihm fest und droht. Die oberste Spitze bildet der Mittelfinger, der in seiner Gewichtigkeit und Breite die Nachbarfinger überragt. In ihm steht nicht das Ich im Mittelpunkt, sondern Leistung und Verwirklichung, Verantwortung und Pflichterfüllung. Der Mittelfinger kann sich zur aktiven wie zur passiven Seite hinneigen und bildet somit das Zünglein an der Waage, die sich einmal zur Aktion und Ichbehauptung, das andere Mal zur Reaktion und Dubeziehung wendet. Er hat seinen Halt in der konkreten Wirklichkeit.

Vom Mittelfinger fällt der andere Schenkel des Dreiecks über den Ringfinger hinab. Der in ihm herausgestellte Sinn betrifft den Menschen in seiner Innerlichkeit, in seiner Bereitschaft, sich zu öffnen und zu empfangen. In der Grundhand sind Zeige- und Ringfinger von gleicher Länge. So wie der ganzheitliche Mensch im Bewahren des Eigenstandes über seine aktiven Kräfte verfügt, tritt er auch dem Du gegenüber, das er in seine Innerlichkeit hineinnimmt. Er verliert sich nicht selbst, aber er gibt zugleich dem Du freien Raum und überschreitet nicht die eigenen Befugnisse, um sich des anderen zu bemächtigen oder diesen in seine Vorstellungen und Ideale hineinzuzwängen.

Der kleine Finger beschließt die Seite des Dreiecks, und sein Ansatz bildet mit das Fundament des Dreiecks. In seiner Beweglichkeit nach außen hin liegt keine Aktivität. Er ist der passivste aller Finger und kann aus dem Verband der anderen herausfallen, wenn sich – in seinem Bild – der Mensch von der Umwelt abziehen läßt und Einflüssen wie Eindrücken des Außen verfällt. Der Mensch würde seine in die Grundhand eingeschriebene Bestimmung verfehlen, wenn er nicht Mittler wäre zwischen Himmel und Erde und dieser Auftrag sich in den Fingern ausdrückt. Indem sich der Mensch zur Verfügung stellt und zurücknimmt, wird er seine „Kleinheit" im kleinen Finger erfahren. Was sich im Daumen als aktiver Ausgriff in die Welt verkörpert, wird an der Grenze des Lebens einem Höheren zur Verfügung gestellt.

Im Sinn dieses Ausgleichs von Selbstbehauptung und Lösung, von einer zugreifenden und einer hinnehmenden Haltung dem Leben gegenüber, sind Daumen und kleiner Finger in der harmonischen Hand von gleicher Länge. Da der Daumen aber tiefer im Handballen angesetzt ist als die anderen Finger, wird solches oft übersehen werden.

Die Länge eines Fingers, seine Endung und Gestaltung lassen, wie wir später sehen werden, die persönliche Weise des Menschen erkennen, der aus seiner Innerlichkeit herauslebt. Grundsätzliches aber muß sich schon in den Fingern ausdrücken, soweit sie Glieder des ganzheitlichen Menschen sind.

Das Ganze des Menschen spiegelt sich auch in der Innenhand, etwa in den beiden Horizontalen, Herz- und Kopflinie, die sich in einem Doppelschwung von der einen zur anderen Seite hinziehen und in ihren Bewegungen gleichen und ergänzen. Sie sind in ähnlicher Weise gebogen oder verlaufen in gerader Richtung. Man kann in ihnen eine Parallele zum Ur-Rhythmus des Atems sehen, zum Aus- und Einatmen, in dem die Grundpolarität liegt, in der alles Leben schwingt. In der Grundhand zeigt sie ein Gleichgewicht, das Harmonie und Zusammenwirken bedeutet (Abb. 4).

Allem Leben liegt ein doppelter Impuls zugrunde. Der eine führt zum Werden und Entfalten, der andere zum Entwerden und Hineinnehmen. In der Handsprache drückt sich der Impuls des Ausatmens in der Kopflinie aus, in deren Bild das Ich auf die Umwelt zugeht und in der Zuwendung oder Trennung von ihr seine Selbständigkeit und eigene Gestalt entfaltet. In der Herzlinie liegt der Gegenpol des Einatmens im Ausdrucksfeld der Herzlinie, die von außen, aus der Umwelt ihren Ursprung nimmt und hineingeht in einen Bereich, in dem sich das Ich – auf der aktiven Seite der

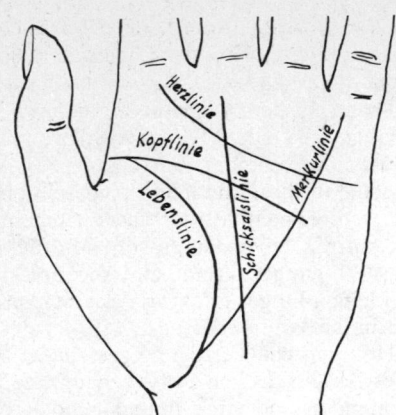

Abbildung 4

Hand – transzendiert. Die Herzlinie, die sich aufschwärtsschwingt, deutet auf den Zug von Oben her, dem sich der Mensch hingibt und in den er auch den anderen und die Welt mithineinnimmt.

Im großen Atem, der alles Leben durchzieht, spiegelt sich der Wille zum eigenständigen Sein, das aktive Hinausgreifen in die Welt, ebenso die Sehnsucht, die den Menschen wieder hineinzieht in seine Innerlichkeit, deren Heimat über Raum und Zeit hinausweist. In dem Zwischenraum vom Ende der Kopflinie zum Anfang der Herzlinie liegt, bildhaft gesprochen, die Pause, in der sich im Atmenden beide Bewegungen harmonisch ausgleichen.

Jede besondere Hand zeigt die Abweichungen vom Rhythmus, der zwischen dem Ausatmen und Einatmen, zwischen dem Hingeben und dem Hineinnehmen besteht und ein Überwiegen des einen oder anderen Poles, das die Harmonie stört. In der Grundhand wird der Atem beim Hineinnehmen – im Bild der geschwungenen Herzlinie – nicht festgehalten, sondern vermag frei auszuschwingen, und beim Ausatmen kann der Mensch sein Gleichgewicht bewahren und läßt sich nicht fallen, wie dies in einer ausgewogenen Kopflinie zum Ausdruck kommt.

Noch ein Beispiel mag bestätigen, daß sich der übergeordnete Sinn des Menschseins als das Umfassende und Gesamtgefüge in allen Teilen widerspiegelt. Der Mensch ist ein Wanderer zwischen Himmel und Erde, ausgespannt nach oben und unten, nach rechts und links. So stellt ihn Leonardo da Vinci im Bilde (Abb. 5) dar; so zeigt er sich in seinen leiblichen Gliedern.

Diese Kreuzgestalt ist schon im Knochenbau des Menschen an-

34

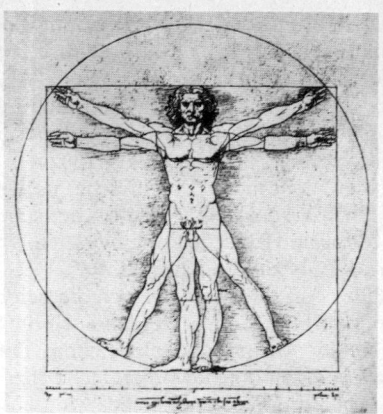

Abbildung 5

gelegt. Als aufrechtes Wesen strebt er in diesem Angelegtsein über sich selbst hinaus zu einem Ziel hin, das mehr sucht und mehr will als die Erfüllung im rein Irdischen. Und doch muß er seinen Stand in der Welt bewahren und kann sich erst von diesem Schwerpunkt aus erheben, wenn er seinen Halt nicht aufgeben will. Verliert er seine Wurzeln, dann mangelt ihm die Standfestigkeit, aus der er sich aufzurichten vermag.

In seinem Buch „Kreuzmeditation" weist Alfons Rosenberg auf das im Menschen angelegte doppelte Kreuz hin. Einmal spricht er von dem unteren Kreuz im untersten Bereich der Wirbelsäule, in dem wir uns „auf dem Grund" befinden. Die Wirbelsäule „ist durch die Kreuzwirbel im unteren Kreuz, d. h. im Becken, verankert wie ein in die Erde eingewurzelter Baum. Hier befindet sich ihr Endpol, die Region der kollektiven Kräfte, der Triebkräfte, des noch nicht dem Bewußtsein Erschlossenen."

„Das obere Kreuz", nach den Ausführungen von Rosenberg, „gebildet durch Wirbelsäule und Schultergürtel, das sich in den beweglichen Hals hinein verlängert, repräsentiert durch die Arme, welche den horizontalen Kreuzbalken bilden und zum Handeln befähigen, die Möglichkeit der freien Aktion, des Wählens und Entscheidens und damit des verantwortlichen Herrschens." *

Die Vollendung des oberen Kreuzes gibt der Hals, der „einzige Abschnitt der Wirbelsäule, der aus dem Rumpf hervortretend ins

---

* Alfons Rosenberg, Kreuzmeditation. Die Meditation des ganzen Menschen. Kösel-Verlag, München 1976.

‚Freie' ragt". Die Haltung des Halses bestimmt die Bewegung des Kopfes, der sich nach den Seiten zu drehen und seiner Umwelt zuzuwenden oder abzukehren vermag.

Der gesamte Körperbau des Menschen manifestiert den Sinn des Menschseins; ebenso die Hand als Glied dieser Menschengestalt. Es muß also auch in der Hand die Kreuzidee zum Ausdruck kommen. Dies geschieht in der Innenfläche, in der sich Schicksal ereignet, das Schicksal, das den Menschen auf seinem Lebensweg zur Bewußtwerdung und Entscheidung zwischen Unten und Oben, Eigenwollen und Dubeziehung aufruft.

In der Hand des einzelnen werden sich die beiden Linien nicht genau im Mittelpunkt treffen. Sie werden auch durch andere Veränderungen von der Grundhand abweichen. Die Zeichen des Kreuzes aber müssen sich in jeder Innenfläche abzeichnen, zumindest andeuten, um auf die Grundidee des Menschseins und seiner Entfaltung nach oben, unten und nach beiden Seiten hinzuweisen.

Aussagen, die sich auf das Innere beziehen, verbergen sich mehr in der Innenhand, während das Wirken in der Welt und nach außen hin schon aus der Außenhand erkennbar wird, die einer Betrachtung leichter zugänglich ist. Deshalb ist aus der Außenhand auch stärker das typische und einer Gruppe von Menschen mehr oder weniger zugehörige Bild des Menschen wahrzunehmen, während das persönliche Wesen seine Zeichen vor allem in die Innenhand einprägt.

So zeichnen sich in der Außenhand menschliche Züge ab, die aus seinem Stand in der gegebenen Welt, aus seinem Einbezogensein in ein Kollektiv und aus festgelegten Grundbedingungen entstehen. Im Bild der Außenhand ist der Mensch auf sachliche Leistungen und objektive Ziele hinbezogen, während die Innenhand die persönliche Bestimmung des Menschen angibt, die sich in seinen Anlagen, Fähigkeiten und auch in Schwächen ergeben. In ihr drückt sich das subjektive Erlebnisfeld aus, und es zeigen sich die Aufgaben, die er erfüllen muß, wie auch Anlagen hierzu, die ihm auf seinem Weg der Reifung und Bewußtwerdung mitgegeben sind. Das persönliche Sein eines Menschen unterscheidet sich von jeder anderen geschöpflichen Weise durch bewußte Gestaltung und Erfüllung des Lebens. Außen- und Innenhand drücken das Gesamt des Menschen aus, sein Außen und Innen. In dem Aufeinanderangewiesensein und Zusammenfallen beider Handräume tritt sichtbar in Erscheinung das Einssein des Menschen, das sich in zweierlei Aspekten – einmal der Welt und einmal dem Innen zugewandt – zum Ausdruck bringt.

c) Leibliche Erscheinung eines inneren Gehaltes

Die Hand ist in ihrem Erscheinungsbild der sichtbare Ausdruck eines verborgenen Sinnes, eines inneren Soseins äußere Gestalt. Da es sich bei der Handdeutung nicht um das Auffinden und Herausarbeiten von Kausalzusammenhängen handelt, sondern um anthropologische Aussagen, müssen wir nach Sinn und Erscheinung fragen.

Beim Betrachten von Händen ergeben sich auffällige Entsprechungen zu Charaktereigenschaften. Krallenförmige Finger, die sich krampfhaft in einen Gegenstand hineinzubohren suchen, lassen auf einen geizigen Menschen schließen, der nicht wieder losläßt, was er einmal angepackt hat, und der immer mehr greifen, einfangen und festhalten will. Kurze Finger und ein breiter Handrücken stellen einen triebhaften Menschen voller Verlangen und Sinnlichkeit dar. Dagegen wird uns eine lange, schmalgliedrige Hand mit spitz zulaufenden Fingern die Vorstellung von Empfindsamkeit und Idealismus vermitteln.

Doch nur von Entsprechungen zwischen Hand und Mensch zu sprechen wäre zuwenig. Es handelt sich vielmehr um ein Zusammenbringen des äußeren Erscheinungsbildes der Hand mit dem Bild des Menschen. Zusammenführen – *symballein* – deutet auf die Einheit von Ausdruck und Gehalt, soweit eine solche überhaupt im menschlichen Leben möglich ist. Wie oben, so unten ist ein Wort, das Hermes Trismegistos zugeschrieben wird. Ebenso gilt der Satz: wie außen, so innen. Dies bezeugen auch Außen- und Innenhand als zwei Aspekte des einheitlichen Lebens.

Der Arzt und Philosoph Carus, der im Ausgang des 19. Jahrhunderts lebte, spricht von der Symbolik der äußeren Erscheinung und von dem Gezeichneten, in dem sich ein Innen verkündet. Nach seinen Aussagen äußert sich der Urgrund alles individuellen Daseins in der Wirklichkeit von Form und Erscheinung. Und umgekehrt: Die Erscheinung ist Ausdruck eines Inneren, leibliche Gestalt von seelisch-geistigen Inhalten, Manifestation eines zugrundeliegenden Sinnes.

Wenn nun der Leib die Erscheinungsform des einmaligen Wesens ist, dann tritt auch in ihm die göttliche Idee des Menschen, sein eigentliches Wesen zutage. Die ganze Menschengestalt ist dann, um noch einmal Carus zu zitieren: „eines schönen Gottesgedankens vollendete Darstellung oder dargestellte Vollendung... Der Mensch in seinem Wunderbau ist die erste Tat der Seele oder vielmehr der Idee, und zwar eine solche, durch welche die Idee zur Seele und zum Geiste sich entfaltet. Wir betrachten daher diesen Bau mit Recht als das höchste Zeichen, als das eigentliche Symbol dieser Idee."

Carus definiert das Symbol als „ein Zeichen, wodurch ein menschliches Innere, die Idee dieses besonderen Menschen „im außen verkündet". Zu diesen Zeichen gehört für ihn auch das edle Gebilde der Hand, das unter denjenigen Gebilden der Menschengestalt, welche von tieferer Bedeutung für sein inneres Wesen" sind, obenansteht. Und an anderer Stelle schreibt er: „Nichts ist so klein und so gering an der Hand, was nicht irgendein Gewicht werden könnte auf der Waage des symbolischen Forschers." Ergänzend zu dieser Aussage sei ein Satz von Paracelsus angeschlossen: „Nichts ist so heimlich im Menschen, daß es nicht ein äußeres Zeichen hätte."

Nach der Feststellung, daß alles, auch das noch so Geringe gezeichnet ist, das aber heißt einen symbolischen Charakter trägt, der das Innere durch seine Erscheinungsweise offenbart, ist es einsichtig, von der Hand als einem Symbol des Menschseins zu sprechen. Zugleich mit der leiblichen Gestalt der Hand wird das innere Wesen eines Menschen erfaßt, das sich in jedem einzelnen auf eine ganz bestimmte Weise äußert. Diese Weise aber muß immer gemessen werden an der Grundhand, die das Symbol der Grundidee Mensch ist.

Um der lebendigen Bewegung und Dynamik im Ausdrucksbild der Hand nachzuspüren, sollten wir die kleinen Papillarlinien betrachten, die Musterungen in Form von Schlingen, Wirbeln, Schleifen oder ähnlichen Zeichnungen in der Handfläche oder auf den Erhöhungen unter den Fingern. Sie sind in ständiger Bewegung, bilden sich neu, schwinden oder wechseln ihre Form. In der Belebung der Haut, unter deren Oberfläche sie sich bewegen, gleichen sie den heißen Springquellen, den Geysiren, die die Erde periodisch oder in unregelmäßigen Abständen kreisförmig aufwühlen. In ihrer Symbolik offenbart sich der dynamische Fluß des Lebens, und im inneren Nachvollziehen dieses Rhythmus erfährt der Mensch ein unaufhörliches Werden und Vergehen.

Im einzelnen auf diese feinen Papillarlinien einzugehen würde zu weit führen. Es soll nur an diesem Beispiel gezeigt werden, daß sich der Mensch einstimmen kann in das Geheimnis des Symbols, in dem sich das innere Kraftfeld in die äußere Erscheinung drängt. Ein rationales Denken in Kausalzusammenhängen wird ein solches ursprüngliches Ereignis nicht erfahren können, man vermag es nur in den Seelentiefen nachzuvollziehen, in denen das Symbol beheimatet ist.

Wird der Symbolcharakter der Hand erfaßt und in ihrem Erscheinungsbild ein nicht begreifbarer, nur in der Innerlichkeit der Seele sich abspielender Vorgang gesehen, dann erhebt sich die Frage, welche Züge der Grundhand Symbol sind für den Menschen in seinem Wesen und auf seinem Lebensweg. Schon in einem anderen Zusammenhang trat die Dreiheit als Ausdrucksform des Menschlichen an sich zutage. Symbolisch bedeutet dies, daß sich in einer Dreiteilung die dreifache Bestimmung des Menschen zeigt.

Die Innenfläche der Hand drückt diese in drei Linien aus: in der Lebenslinie, die schon durch ihren Namen vitale Kraft und Fülle symbolisiert, und in den beiden oberen Horizontalen, der Kopf- und Herzlinie, in denen sich der Wille zur bewußten Gestaltung und das seelische Erleben darlegen. In diesen offenbart sich das Hinausströmen und Wieder-Zurückführen, das Zugreifen und Loslassen, die allem Lebendigen innewohnende Grundpolarität (Abb. 4).

Nach alter Tradition wird die Lebenslinie auch Linie der Erde genannt, die Kopflinie wird als Linie des Menschen und die Herzlinie als Linie des Himmels bezeichnet. Diese Namen fassen das Wesentliche der jeweiligen Linie zusammen. Auch die Erhöhungen in der Hand haben symbolische Bezeichnungen. Diese sind der Mythologie entnommen und stammen aus den Zeiten der Babylonier und Chaldäer, denen die Aussagemöglichkeit der Hand auch vertraut war. Den frühen Völkern war das Symbol noch eine lebendige Wirklichkeit, eingebettet in den archaischen Mythos und seine Kosmologie. Dieses bedeutet, daß im Symbol Sinn und Gehalt einer Tiefenschicht in Erscheinung treten, an der ein Mensch teilnehmen kann, wenn er dem archetypischen Gehalt sich öffnet.

Die symbolischen Namen, die den Bergen gegeben werden, sind Namen von Göttern, die in der mythischen Frühzeit die Ordnung des Lebens bestimmten und wahrten. Der frühgeschichtliche Mensch hatte, wie es Edgar Dacqué ausdrückt, eine „Natursichtigkeit", die reine Bildschau war, keinen rational logischen Erwägungen unterlag und auch nicht in Begriffe und Systeme eingeengt werden konnte. In den Sternbildern offenbarte sich ihm der von Gottheiten durchwirkte Kosmos, den er in mythische Bilder kleidete und in seiner eigenen Seele erfuhr. Die kosmischen Kräfte offenbarten sich in jener Zeit auch dem Menschen und bestimmten seine Lebensgestalt und seinen Lebensweg. So waren ihm die Götternamen vertraut und auch die Kräfte, die sie symbolisierten und die sie sowohl im Makrokosmos – am Himmel – wie im Mikrokosmos, dem Menschen und auch im Bild seiner Hand, wahrnahmen. Was sie darin ablasen oder dort hineinprojizierten, war ihnen erfahrbare Wirklichkeit.

Natürlich könnten die Erhöhungen in der Handfläche auch andere Namen tragen. Man könnte z. B. von einer radialen und einer ulnaren oder von einer Speichen- und einer Ellenseite sprechen und die Berge auf der Daumen- und der Kleinfingerseite in diesem Sinn bezeichnen. Damit wären Begriffe aufgestellt und eine sachliche Einordnung gegeben, doch es würde keine innere Erfahrung ausgelöst. Die Namen der Götter aber, die im Symbol gegenwärtig sind und ihre Erscheinung bezeugen, wecken Erinnerungen an Archetypen, die in unserem Unbewußten urtümliche Bilder und Erfahrungen aufrufen.

Es gibt sieben Erhöhungen in der Handfläche, die von maßgeblicher Bedeutung sind. Sieben ist eine heilige Zahl, wie dies schon in der Mythologie bekannt ist. Im Judentum ist Sieben die Zahl der Reinigung und Opferung. Es sei auch an die sieben Gebote und den siebenarmigen Leuchter erinnert. Im Christentum spielt diese heilige Zahl eine bedeutsame Rolle. Sie kehrt häufig wieder im Neuen Testament – in den sieben Bitten des Vaterunsers, in den sieben Gaben des Heiligen Geistes und vor allem in der Offenbarung des Johannes. Auch in der Theologie wird die Sieben vielfach erwähnt.

Wenn von den sieben Bergen der Handfläche gesprochen wird, etwa von dem Marsberg, dem Jupiter- oder Saturnberg, dann besagt dies nicht, daß die in diesen Zeichen symbolisierten Götter oder Planeten einen Einfluß auf den Menschen ausüben oder Kräfte in ihm aktivieren. Es ist vielmehr eine sinnbildhafte Weise, etwas über den Menschen auszusagen in dem von Paracelsus gemeinten Sinn, wenn er die im Menschen ein-gebildeten Planeten und Sterne „Kinder" nennt des „großen ‚Himmels', der ihr Vater ist". Paracelsus betrachtet den Menschen als Abbild des Makrokosmos, den er die „Große Kreatur" nennt. „Denn wie außen, so auch innen. Was nicht außen ist, das ist auch nicht im Menschen. Das Äußere und das Innere sind ein Ding, eine Konstellation, eine Influenz, eine Konkordanz, eine Dauer ... eine Frucht."

Auch „der Himmel prägt uns nichts ein; es ist die Hand Gottes, die uns zu seinem Ebenbild schuf. Wir mögen darin sein, wie wir wollen – in allen unseren Gliedern ist Gottes Hand unmittelbar am Werk gewesen. Unsere Anlagen, Eigenschaften und Gewohnheiten hat uns Gott zugleich mit dem Leben eingegeben."

Eine symbolische Bezeichnung hat keinerlei Einfluß auf den Menschen, sondern ist Ausdruck von innen und außen, von Sinn und Erscheinung. Auf die Hand übertragen, bedeutet dies: Nicht der Berg, der mit einem symbolischen Namen gekennzeichnet ist, überträgt mit diesem Wort oder Klang dem Menschen eine magische Kraft, sondern eine im Menschen vorhandene Potenz drückt sich in einer Erhöhung der Innenfläche aus, die um des assimilierenden Verständnisses willen den Namen einer mythologischen Gottheit oder eines Planeten trägt.

Die Handdeutung ist somit aus jedem magischen und mythischen Bereich herauszuheben. Sie gehört nicht in eine archaische oder archetypische Bildwelt, genausowenig wie in den rationalen Bereich des Denkens. Was die Hand in symbolischer Darstellung aussagt, berührt Tiefenschichten der Seele und enthüllt Zusammenhänge, die ihren Ausdruck in der sichtbaren Erscheinung finden.

Noch ein Beispiel des Zusammenfallens von innen und außen, das in der Handsprache offensichtlich wird: Der Daumen, auch Venusberg genannt als Zeichen vitaler Triebkraft, zeigt die Fülle an Sinnenhaftigkeit, die dem Menschen von seiner Anlage her zur Verfügung steht. Man könnte auch von dem Raum der „Libido" sprechen, die nach C. G. Jung der Grundantrieb aller Energien und Ausdruck der Lebenskraft ist.

Im Symbol des Venusberges behauptet sich der Mensch in seinem Dasein und empfindet, noch ohne Differenzierung und persönliche Zielsetzung, das beglückende Gefühl, daß er lebt und daß er die dynamischen Kräfte, die in allem Lebendigen pulsieren, auch in seiner Natur spürt. Sie werden ihm unmittelbarer Ansporn zu dynamischer Leistung oder schöpferischer Gestaltung.

In symbolhafter Weise verläuft die Lebenslinie, die den Venusberg umkreist, von oben, aus dem Zwischenraum zwischen dem Daumen und dem Zeigefinger, nach unten. Indem sie in ihrem Verlauf die Kräfte des Venusberges aufnimmt und sammelt, verstärkt sie die Intensität und Stärke der vitalen Impulse. Sie weitet sich zur Handmitte aus und gibt dem Kraftfeld des Triebes in der Grundhand einen breiten Raum der Verwirklichung. Im weiteren Verlauf verengt sie sich wieder und schwingt im unteren Handballen allmählich aus.

Wenn wir dem symbolischen Lauf der Lebenslinie folgen, erfahren wir, wie der Wille zum Dasein und seiner Behauptung langsam schwindet, wenn sich der Mensch der letzten Phase seines Lebens nähert. Die abwärtsführende Lebenslinie ist Symbol der abnehmenden Kräfte des Menschen, dessen natürliche Vitalität wieder eingeht in den vorpersönlichen Raum des Kosmos.

Im Gegensatz zu dieser absteigenden Bewegung wollen wir – um noch einmal die Größe der Symbolsprache aufzuzeigen – die oberste Linie der Handfläche, die Herzlinie betrachten. Sie führt leicht geschwungen zum Zeigefinger hin. In diesem Verlauf drückt sich die Kraft der Innerlichkeit aus, die zur Transzendenz hinstrebt. Der Mensch sucht im Bild der Herzlinie das Offene, Freie, in dem er sich selbst zu übersteigen vermag.

Es liegt eine Entsprechung in der angedeuteten Kreisbewegung von Herz- und Lebenslinie. Einmal in emporführendem Sinn, das andere Mal nach unten auslaufend.

Dem Erscheinungsbild der Hand ist in diesen Ausführungen immer die Grundhand als Vorbild gegeben. Aber auch in den besonderen und ganz verschiedenen Händen des jeweiligen einzelnen Menschen werden wir diesen und noch anderen symbolischen Ausdrucksformen begegnen. Aus ihnen ist in offensichtlicher Weise abzulesen, was aus dem inneren Wesen des Menschen in das äußere Erscheinungsbild eines seiner Glieder, die das Ganze spiegeln – hier insbesondere in die Hand –, eingeht.

2. Grundanlage und Charakter des Menschen im Bild der Hand

a) Der Mensch zwischen „Himmel und Erde": Handrumpf und Finger

Die menschliche Hand besteht aus Rumpf und Fingern. Dies gibt ihr die besondere Gestalt, die aus einem Unten und Oben besteht und im Gegensatz zu den Greiforganen der Tiere sich von der Erde zu lösen und nach allen Richtungen hinauszugreifen vermag. Da der Weg von der Erde aus beginnt und die Entwicklung des Menschen zum Geistigen hinreift, muß die Betrachtung der Hand vom Rumpf her zu den Fingern hinführen.

Das Handgefüge entspringt aus dem Handgelenk, sammelt sich im Rumpf und bewegt sich zu den Fingern hin. Die Form des Rumpfes zeigt die Art, in der ein Mensch von seiner Natur her sein Leben in der Welt bestimmt, die Fingerform, wie sein Verhältnis zur Transzendenz ist und wie er das Gegebene und Aufgegebene mit persönlicher Dynamik erfüllt.

Der Handrumpf

Im Handrumpf erscheint der Mensch in seiner Naturverbundenheit. Seine Wurzeln liegen noch im Bereich des Kosmischen, eingebunden in die allumfassende Natur, die das Leben mit ihren Kräften erfüllt. Weitet sich das Handgelenk aus, dann fühlt sich der Mensch geborgen im Schoß der Natur wie das Kind in der natürlichen Liebe der Mutter.

Die Naturkraft ist dem Menschen vorgegeben und noch ungeformt und ohne Zielrichtung. Ein sehr stark ausgeprägtes Handgelenk bedrängt den Menschen mit seiner energiegeladenen Dynamik und bindet ihn mit großer Intensität an seinen Wurzelbereich. Durch die unkontrollierte und nicht in das Leben eingeordnete Triebkraft kann eine starke Getriebenheit und materielle Stoffverhaftung das Übergewicht über die seelischen und geistigen Möglichkeiten erlangen. Dies zeigt sich aber erst in der Innenfläche.

Die obere Begrenzung des Rumpfes unter dem Ansatz der Finger wird durch die Ausbildung der Knöchel differenziert. Sie dringen in den Rumpf ein oder heben sich in der Nähe des Fingeransatzes hervor. Dieser Unterschied ermöglicht es, von einem Knöchelbereich zu sprechen, wenn dieser auch verhältnismäßig klein ist.

Die Aussagen über die Mitte zwischen Unten und Oben, also zwischen der Naturverbundenheit und der geistigen Entwicklung, betreffen vor allem den persönlichen Bereich des seelischen Erlebens, das im Ausdrucksfeld der Innenhand symbolisiert ist. Dennoch ist es von Interesse, ob der Raum der Knöchel hervortritt oder dieser fast unmerkbar bleibt. Wenn die natürlichen Impulse im Raum der Knöchel gesichtet und geordnet werden und nicht unmittelbar in den bewußten, zum Geistigen hin geöffneten Fingerbereich eindringen, dann hebt sich ein Zwischenraum zwischen Unten und Oben ab. Grenzen dagegen die Knöchel an den Ansatz der Finger, dann fällt das Sichten und freie „Atmen" einer seelischen Entfaltung fort.

Der Raum der Knöchel kann von verschiedener Differenzierung und Ausdruckskraft sein. Er kann den Handrumpf auflockern oder verlängern. So kann er elementare Triebe, die sich im Daumenballen ausdrücken, als Antriebe in den geistigen Bereich hineinführen oder auf den Eigenraum zurückfallen lassen. Dieser Unterschied läßt erste Aussagen zu über das Gleichgewicht oder die Unausgeglichenheit im Verhalten eines Menschen.

Ist der Raum der Knöchel tief nach unten verlagert, so daß die Finger mit ihrem Wurzelgelenk sich im Naturbereich verankern, wird der Mensch mehr von geistigen Antrieben bestimmt als von Instinkten und spontanen Impulsen. Im umgekehrten Fall, wenn die Knöchel den Fingern zugelagert sind, wird der hierdurch verlängerte Handrumpf mit seinen triebhaften Kräften und seinem vitalen Verlangen nach Daseinsbehauptung die geistige Auseinandersetzung mit der Welt zurückdrängen und elementaren Gefühlen Raum geben.

Die obere Begrenzung des Handrumpfes kann bei geschlossener Hand auf der Außenseite einen Zug nach abwärts aufweisen; dann ist eine starke Beeindruckbarkeit gegeben. Die Kleinfingerseite, die von der Beziehung zum Du spricht und von den Einflüssen der Umwelt auf den Menschen, sollte nicht in den Handrumpf absinken, sondern dem kleinen Finger einen festen und stabilen Wurzelansatz in gleicher Höhe der anderen Fingerwurzeln geben. Sonst empfindet der Mensch Scheu vor der Welt und versucht sich von ihr zurückzuziehen oder leidet an ihr. Eine gerade Ansatzlinie, die sich nur ein wenig unter dem Mittelfinger erhebt, wäre ein positives

Zeichen der Begegnung zwischen Oben und Unten. Würde auf der Daumenseite die Ansatzlinie der Fingerwurzel absinken, dann würde das Triebhafte die bewußte Haltung und Würde des Menschen, Zeichen des Zeigefingers, beeinträchtigen.

Bei der Beurteilung der Mächtigkeit oder Schwäche des Handrumpfes muß der Knöchelraum eingeschlossen werden. Dabei ist festzuhalten, daß immer der Ausgleich zwischen einem Zuviel und einem Zuwenig das harmonische Maß angibt. In die Größenbewertung des Handrumpfes müssen auch die Finger einbezogen werden, da ein Vergleich der beiden ausschlaggebend ist für die vollständige Aussage über den Menschen zwischen Himmel und Erde oder, in unserer Beschreibung, zwischen Erde und Himmel, Unten und Oben. Der Handrumpf kann nicht für sich allein betrachtet werden, sondern nur als Rumpf einer Fingerhand.

Im Handrumpf erscheint der Mensch, der sich in seiner Erdverhaftung und Triebgebundenheit zu behaupten und zu erhalten sucht. Seine Fülle und Breite zeigen den Raum, der dem Menschen zur Verfügung steht, den er ausfüllen kann oder will.

Oft zeigt sich eine Erhöhung neben dem Daumen, die auf der Rumpfseite sich bildet, wenn der Daumen an den Zeigefinger angelehnt ist, die sogenannte Handmaus. Ist diese aber eingefallen, so daß an Stelle der kleinen Erhöhung sich ein Absacken abzeichnet, wird die Lebenskraft sich schnell erschöpfen. Dennoch besteht die Möglichkeit einer Erneuerung.

Im Ausdruck des Handrumpfes erweist sich noch nicht, wie der Mensch seine vitale Mächtigkeit einzusetzen versteht und wohin die Ausweitung seiner erdverhafteten und raumgebundenen Möglichkeiten sich richtet. Der Mensch läßt sich von seinen Impulsen drängen oder unbewußt treiben. Ist die Daumenseite des Rumpfes von größerer Fülle oder Breite, ist der Mensch eingebunden in die Welt der Instinkte und gestaltet noch nicht mit kontrollierter Aktivität. Eine Fülle und Ausweitung der Kleinfingerseite läßt auf Stimmungen und auf den Sog des kollektiven Unbewußten schließen.

Es ist nicht vorwiegend die Neigung zum Fettansatz, die einen Rumpf ausprägt, sondern die Fülle der elementaren Triebe und der aus dem kosmischen Ursprung aufsteigenden Bilder, also der Elementarschicht des Menschen. Er wird mehr über vitale Lebensimpulse und Ein-bildungen verfügen, wenn sein Handrumpf in mäßiger Weise voll und breit ist, während seine Vitalität und Daseinsbehauptung, ebenso wie die Empfänglichkeit für unbewußte Schwingungen bei einer Hand ohne Fülle geschwächt sind.

Daß die Außenhand im allgemeinen und der Handrumpf im besonderen im Alter einschrumpfen, ist ein natürlicher Vorgang. Wenn sich eine solche Veränderung schon in jüngeren Jahren bemerkbar macht, läßt dies auf Abnehmen der Triebhaftigkeit und auf Gefühlsminderung schließen. Die Geladenheit mit Naturenergie in einem gut entwickelten Handrumpf gibt den Aussagen der Innenhand eine andere Gewichtigkeit als der weniger ausgeprägte Rumpf. Man könnte in diesem Fall, bei zusätzlicher Schwäche der Berge in der Innenfläche, von einer Schicksalshand sprechen, während die im Außen- wie Innenraum vorhandene Fülle und Kraft Ausdruck einer – im tatsächlichen Wortsinn gemeinten – Lebenshand ist.

Das Leben strömt und entfaltet sich in einer mit Dynamik erfüllten Hand in den verschiedensten Anlagen und Möglichkeiten, während der Mensch einer Schicksalshand stärker aus den Auseinandersetzungen mit der Welt und der Arbeit an sich selbst lebt und durch die Gestaltung von schicksalshaften Ereignissen heranreifen muß.

Charakterzüge, die sich aus weichen, schlaffen oder harten Händen – und dies zeigt sich am besten beim Anfassen des Handrumpfes – ergeben, lassen sich mit dieser Beschaffenheit identifizieren. Das rechte Maß an Festigkeit und zugleich vorhandener Empfänglichkeit ergibt sich aus einem nicht übermäßig betonten Rumpf, der im Außenraum wie in der Innenfläche lebendige Beweglichkeit aufzeigt.

Ein Handrumpf, der sich nach oben zu verbreitert, verstärkt das Verlangen nach Daseinsbehauptung und materieller Befriedigung. Ein solcher Mensch setzt Impulse und Triebe für seine Eigenmächtigkeit ein und prägt der Welt seinen Stempel auf. Seine Kräfte wirken sich im praktischen Handeln aus und drängen nach konkreter Umsetzung.

Der eckige Handrumpf, der von zwei Parallelen begrenzt wird, gehört zu einem Menschen, der das Stoffliche in eine Ordnung einbinden will und nach Gestaltung und Bewußtwerdung verlangt.

Seltener als diese beiden Handrumpfformen ist ein nach oben spitz zulaufender Rumpf. Im Zueinanderstreben der zwei begrenzenden Linien zeigt sich, daß die natürliche Anlage zu einem geistigen Ziel vordringt und auf diesem Weg die Belastung der Natur und Triebgebundenheit verdrängt. Das Dasein in der Welt bedeutet einem solchen Menschen nichts Wesentliches. Es ist nur Durchgang zu einem höheren Ziel.

Die verschiedenen Formen des Handrumpfs zeigen die dem

Menschen von Natur her gegebenen Möglichkeiten, die Welt in Griff zu bekommen, sie zu gestalten oder der geistigen Durchdringung zuzuführen. Je stärker oder länger der Handrumpf erscheint, um so stärker werden sich die verschiedenen Weisen seiner natürlichen Veranlagung auswirken. Je mehr aber die Finger durch ihre Länge und durch ihre Gewichtigkeit betont sind, um so intensiver ist das Streben nach geistigen Werten, das auch die naturgegebene Anlage der Daseinsbehauptung und Erdgebundenheit auflockert.

Die Finger

Als Wesen zwischen Himmel und Erde lebt der Mensch nicht nur aus seinem kosmischen Naturerbe oder aus der Quelle des kollektiv Unbewußten, das heißt nicht nur aus dem Wurzelbereich seiner treibenden und bildenden Kräfte. Seine wesentliche Prägung empfängt er aus seiner Bezogenheit zur Transzendenz, deren Spuren sich in den Fingern kundtun.

Unter Transzendenz ist ein Streben über das Materielle hinaus gemeint, eine Sehnsucht nach Freiheit, die Öffnung zum Geistigen hin und das Bestreben, sich selbst zu übersteigen. Daß in der Hand nicht das Geistige an sich offenbar wird, versteht sich von selbst aus der Raumgebundenheit, in der die Hand erst ihre Gestalt gewinnt. Auf dem geistigen Weg der Entwicklung zur Bewußtwerdung und Reifung aber löst sich der Mensch von allem Vorgegebenen und Vorgeformten, von seinen Trieben und von der archetypischen Bildwelt wie auch von strukturellen Eigenschaften und Anlagen, die sich im Handrumpf ausdrücken.

Die Beweglichkeit der Finger, die sich emporstrecken und nach allen Seiten hin ausgreifen, machen die Hand erst zum Organ des Menschen. Darum sollen sie ein wenig länger sein als der Handrumpf, um dieses spezifisch Menschliche, den Zug zum Transzendenten hin, und die Empfangsbereitschaft für geistige Eindrücke erkennen zu lassen. Die Betonung der vertikalen Ausrichtung der Hand durch die Länge der Finger bezeugt die Tendenz der Aufwärtsentwicklung und gibt den Fingern ihr besonderes Gewicht.

Die Finger symbolisieren ein Leben, das nach höheren Werten strebt und nicht nur in einer naturhaften Daseinsbehauptung seine Bestimmung sieht. Sind die Finger länger als der Handrumpf, wobei die Entfernung vom Ansatz des Mittelfingers bis zur Fingerkuppe gemessen wird, dann überwiegt die Sehnsucht, den Lebenswillen zum Antrieb für das Geistige einzusetzen und das Wesenhafte zu verwirklichen. In diesem Fall aber darf der Rumpf nicht zu schwächlich ausgebildet sein, damit die Ablösung von der Natur nicht eine Flucht vor der Auseinandersetzung mit der Welt bedeutet und die Verwurzelung in der Erde ihre tragende Kraft verliert. Das Geistige bliebe Theorie oder Illusion, wenn der Mensch den Boden seiner natürlichen Veranlagung verlöre.

Der lange Handrumpf dagegen, aus dem sich nur kurze Finger herausbilden, wird die naturhafte Bindung verstärken und das Materielle überbetonen. Dies kann auf der einen Seite eine gesunde Verwurzelung im natürlichen Dasein bedeuten, doch zugleich die Gefahr in sich bergen, Genuß und Lebensfreude zu überschätzen.

Bei zu langen Fingern kann der Mensch sich hochmütig über die Natur erheben, während das Übergewicht des Handrumpfes gegenüber den Fingern die Notwendigkeit der geistigen Reifung ignoriert.

Neben der Fingerlänge ist zwischen großer und kleiner Hand zu unterscheiden. Die große Hand zeigt an sich, daß der Mensch in differenzierte Einzelheiten eingeht und nicht vorschnell Aufgaben angreift oder durchsetzt. So wird er auch stufenweise seine Entwicklung zur Reife führen und sich nicht bei einem gegebenen Zustand aufhalten. Die langen Finger unterstützen diese Tendenz im Hinblick auf das Ziel, dem sie sich über die materiellen Gegebenheiten hinaus zuwenden.

Kleine Hände erfassen mit unmittelbarer Instinkthaftigkeit eine Welt, die ihnen keine Auseinandersetzung bringt und keine denkerischen Aufgaben stellt, sondern naherückt, was ihrer Natur wohltut und worauf sie in ihrem triebhaften Verlangen angewiesen sind. Sicher werden die Hände sich meist der ganzen Gestalt eines Menschen anpassen, aber es kommt nicht selten vor, daß kleine Hände auch bei großen Menschen zu finden sind und umgekehrt. Wenn eine solche Disharmonie auftritt, wird sie auf Spannungen weisen, die aus der Innenhand erkennbar sind.

Die Innenseite der Finger läßt – deutlicher wie in der Außenhand – drei Glieder unterscheiden. Auch bei diesen gilt der Grundsatz, daß die untere Ebene das Materielle, die mittlere das zur Gestaltung und bewußten Verwirklichung Drängende und die obere die zum Geistigen hintendierenden Neigungen zum Ausdruck bringt. Sind die unteren Glieder an ihrem Ansatz ein wenig eingeschnürt, wird der Materie kein großes Gewicht gegeben, während die Dicke dieses Gliedes Genußfreudigkeit zum Ausdruck bringt. Die Länge ist bei allen Aussagen der Hand das Zeichen der vorwärtsschreitenden Reifung und Entwicklung auf einem bestimmten Gebiet. Die oberen Glieder sind im Zusammenhang mit den Fingerkuppen zu betrachten. Die Fingerkuppen sind Tast„organe", die das Vorhandensein oder Fehlen von Einfühlung, Sensibilität und intuitives Erspüren ebenso wie seelische Empfangsbereitschaft durch Stärke oder Schwäche zum Ausdruck bringen. Das instinkthafte Empfinden im Handrumpf ergänzt das intuitive Erspüren feinster Schwingungen in den Fingerkuppen.

Interessant ist die Maserung der Fingerglieder, die noch im Zusammenhang mit der Innenhand besprochen werden. Bei allen Deutungen handelt es sich aber nicht um Rezepte oder um starr festgelegte Behauptungen. Es müssen nur Grundregeln beachtet werden, wobei den verschiedenen Kombinationen Raum gelassen wird. Sobald die Einordnung von Unten als Ausdrucksfeld der Natur, die Einordnung von Oben als Bereich der geistigen Ausrichtung und die Mitte als bewußte Gestaltungskraft wahrgenommen werden, sind die großen Gliederungen gegeben, nach denen sich eine Handanalyse richten kann. Die Bedeutung der Fingerglieder ist hier nur in großen Zügen dargestellt, um durch detaillierte Einordnung den Leser nicht zu ermüden. In einem Schema ist sie erst am Ende des Buches zusammengestellt.

Die auf Abb. 6 gezeigte Hand zeigt das unharmonische Verhältnis zwischen Handrumpf und Fingern. Es handelt sich um die Hand

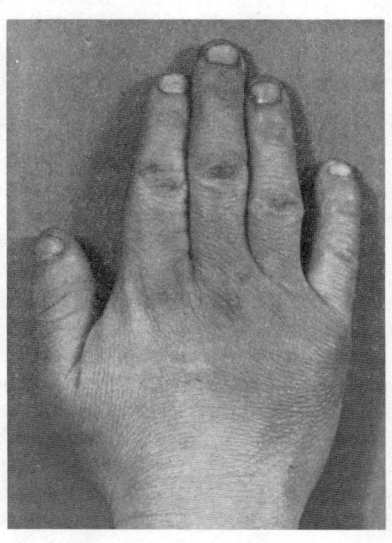

Abbildung 6

eines vierzehnjährigen Jungen, der eine gefährliche Anlage zum
Lügen und Stehlen hat. In seinem breiten und schweren Handrumpf drückt sich geballte Kraft aus, die eine gewisse Ungelenkig-
keit und Sturheit erkennen läßt. Hat dieser Junge sich eine bestimmte Handlung vorgenommen, die seine materiellen Bedürfnisse befriedigen soll, geht er rücksichtslos vor. Nach den kurzen
im unteren Gelenk verdickten Fingern ist darauf zu schließen, daß
er uneinsichtig ist und sich keinen vernünftigen Argumenten beugt.
Er läßt sich allein von seinen Aggressionen und Impulsen zu
Aktionen wie Reaktionen treiben und stößt alle Warnungen und
die Möglichkeit einer bewußten Kontrolle zurück. Schon auf den
ersten Blick dieser Hand ergibt sich, daß ein schwerfälliger Eigen-
sinn jede Beeinflussung fortdrängt. Der Junge ist auch nicht ansprechbar auf einer anderen Ebene als der seiner Daseinsbehauptung und Triebbefriedigung.

b) Typische Anlagen:
Hand- und Fingerformen

Die Hände sind in ihrem Außen ebenso verschieden wie in der
Zeichnung der Innenfläche. In der beredten Sprache ihrer Formen
und Gesten regen sie den Künstler, den bildenden wie den schrei-
benden, zu schöpferischer Darstellung an. Balzacs Schilderungen
von Händen sind nicht weniger liebevoll eindringlich wie etwa
die sehr tiefgründigen Studien von Leonardo da Vinci oder
Dürer.

Vollendete Architektur ist die Hand an sich: diese leichtbe-
schwingte, aufgelockerte, bis ins Ätherische sich steigernde Stoff-
lichkeit der Außenhand, die sich gleichsam Baustilen eingliedern
ließe – man könnte durchaus verständlich von byzantinischen,
romanischen, gotischen, barocken Händen und Handhaltungen
sprechen –, und neben ihnen jene schwer lastenden, sich jeder
Gliederung verschließenden, Lehmklumpen gleichen, massigen
Hände, die durch die Wucht und Schwere ihres Handrumpfs den
Blick von den nicht weniger schwerfällig gegliederten Fingern abziehen. So gleicht die Außenhand dem fertigen Bau, dem Dom,
der Burg, dem Schloß, dem Zweckbau bis hinunter zur einfachen
schmucklosen Lehmhütte. Wie aber die gewaltige Masse des Baus,
die Vielzahl seiner Gliederungen den letzten Willen des Baumei-
sters, dem Auge mehr verbirgt als offenbart, so gibt auch der ganzen Hand und damit der bewegten und gegliederten Masse der

Außenhand erst der Grundriß der Innenhand, ihre einfache oder differenzierte Planung, letzten und tiefsten Sinn.

Planung und Ausführung zusammen ergeben das Gesamtgefüge des Baus. Der Stoff ist in der Welt der Erscheinung nicht bedeutungsloser als die Idee, die Außenhand nicht weniger wichtig als ihr Inneres, das ihrer ebenso bedarf wie die architektonische Idee des Materials und seiner Ineinanderfügung.

Gerade um ihrer Sinnfälligkeit willen ist die Außenhand für die chirologische Betrachtung bedeutsam. Im Handinneren geht es um die Betrachtung der kleinen und feinen Einzelheiten; der Aufbau des Gebäudes aber und seine Gliederung gehören in den gröberen Bereich des Typischen. Seine Gestaltung darf jeweils nur als Ganzes und in seinem Gegeneinander und Nebeneinander betrachtet werden.

Die Bedeutung der Außenhand liegt darin, daß sie die grundsätzlichen Tendenzen des Menschen offenbart: die Geneigtheit zur Umwelt wie das Verhaftetsein im Außen. Dies ist aber nicht in differenzierter, sondern nur in typischer Haltung dargestellt, die gleichsam als Rahmen die Persönlichkeit des Menschen umfaßt und wie ein Programm anmutet, wie die Überschrift etwa über der Geschichte seines Daseins.

Damit ist zugleich auch die Begrenzung der Aussagemöglichkeiten der Außenhand gegeben. Ebensowenig wie aus einer Überschrift der ganze Inhalt eines Buches und seine Gestaltung entnommen werden kann, sind auch die Möglichkeiten einer Innenhand nicht aus einer Außenhand oder, besser gesagt, aus einer gewissen Art oder Gruppe von Außenhänden abzulesen. Denn auch die ausdrucksvollste Außenhand enthält zuwenig an charakteristisch Eigenem und berichtet nur von Art und Gruppe, also von Allgemeinem, wie bei eingehender Betrachtung der ganzen Hand offenbar wird. Diese allgemeinen Merkmale aber ermöglichen in nicht geringem Maße, einen Menschentyp mit ganz bestimmten Reaktionen und ursprünglichen Handlungen konstitutionell zu erfassen. Um solche allgemeinen Beobachtungen geht es zunächst bei der Außenhand und der Betrachtung ihrer Formen. Carl Gustav Carus, der von der symbolischen Gestalt des Menschen ausgeht, unterscheidet vier Grundformen: die elementare, motorische, sensible und psychische Hand. Es gibt aber noch andere Einteilungen. Davon ausgehend, daß die Drei eine Rolle in den Aussagen der Hand spielt, kann auch diese Zahl beim Unterscheiden der Handformen wegweisend sein. Überdies entsprechen die drei Grundformen der Hand – die ovale, eckige und konische –

den drei Grundweisen des menschlichen Lebens: der Daseinsbewältigung, der bewußten Auseinandersetzung und Formgebung und der Sehnsucht nach Transzendenz.

Bei dieser Einteilung wird die primitivste Hand, die gleichsam nur als Rumpf erscheint, ausgelassen, ebenso die sogenannte „gotische" Hand, die, lang und schmal, auf Heiligenbildern dargestellt wird. Die Außenhand drückt in ihrem Erscheinungsbild typische Charakteranlagen aus, die sich im Bezug zum Dasein in der Welt äußern, während sich erst in der Innenhand persönliche Erlebnisse und Entscheidungen zeigen.

Die ovale Hand

Die ovale Hand empfängt ihre Form durch die leichte Einbiegung von Zeigefinger und kleinem Finger (Abb. 7), ihre größte Ausweitung liegt am Übergang des Handrumpfes zu den Fingern. Man kann diese Form mit einer Ellipse oder einem Ei vergleichen. So symbolisiert sie die Einheit des Lebens, in der das Männliche und Weibliche, Geist und Natur, noch nicht auseinandergetreten sind. Die Grundtendenz der ovalen Hände ist der Wunsch, diese Einheit

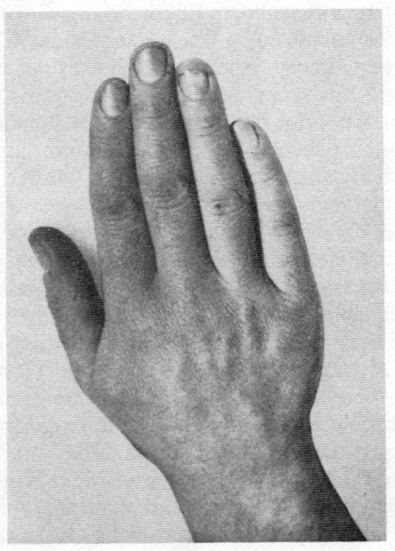

Abbildung 7

52

nicht zu verlieren, ihre Gefahr, daß einer der Pole gelegentlich mit elementarer Kraft aufbricht, um sich eigenständiger zu entfalten.

Die Spaltung des Eis wird im mythologischen Schöpfungsmythos zum Sinnbild der Scheidung aus der kosmischen Einheit, um neues Leben zu zeugen. Auch der Mensch mit der ovalen Hand ist zunächst in der ursprünglichen Ungeschiedenheit beheimatet und sucht seine Jugendlichkeit und Harmonie zu bewahren. Dennoch spürt er den allem Leben zugrunde liegenden Urdrang nach Verwirklichung und Entwicklung, auch wenn er selbst dieser Entwicklung abwehrend gegenübersteht und dem schützenden Ur-Wir eingebunden bleiben will. In die Welt hinausgestellt, leidet er an den Auseinandersetzungen in ihr. Durch Spannungen, Konflikte und Kämpfe aber muß er sich zu seinem persönlichen Menschsein entfalten. Die ursprüngliche Harmonie nach der Auseinandersetzung mit der Welt wiederzufinden ist das Ziel seines Lebens, wenn in der Innenhand, zum Beispiel in einer gut ausgeprägten Herzlinie oder in einem großen oberen Handteil der Wunsch nach seelischer Reife und Hingabe vorhanden ist.

Überwiegt dagegen der Handrumpf und ist der untere Teil der Innenfläche am stärksten ausgeprägt, dann wird das Angelegtsein auf Bewahrung und Geborgenheit nur durch einen explosiven Durchbruch aufgebrochen. Die Übermacht vitaler Potenzen kann in der Verschlossenheit der ovalen Handform eine bedrängende Intensität annehmen, so daß der Mensch vom Antrieb oder Sog seiner elementaren Kräfte überwältigt wird. Er lebt vor allem aus der Sinnenwelt, und seine seelisch-geistigen Fähigkeiten bleiben gehemmt oder suchen gewaltsamen Durchbruch.

Die ovale Hand, die schon in ihrer Erscheinung das Weiche, Ausgeglichene offenkundig werden läßt, wehrt sich gegen jeden Eingriff in ihre Sehnsucht nach Harmonie und will umschlossen und behütet werden. Die Empfindlichkeit und Abwehr gegen Belastungen von Du und Umwelt, die sie zum Ausdruck bringt, tragen quälerische Züge, da sie den Menschen in einer dumpfen Eingeschlossenheit von seiner Entwicklung abriegeln und seine Reifung hemmen können.

Ist einem Menschen mit ovaler Hand die Geborgenheit und Harmonie beschieden, die diese Ellipsenform nachzeichnet, dann wird er sich wohlfühlen und entfalten. Dies geschieht vor allem in einer Gemeinschaft, in der seine natürlichen Anlagen wie seine geistigen Fähigkeiten angesprochen werden. Mit dem Schicksal einer solchen Gemeinschaft verwoben, vermag er gewaltige Kräfte zu entfalten und mit einer unmittelbaren, von Urmächten getragenen Intensität zu handeln und zu reagieren, wenn er gefordert wird.

Auf sich allein gestellt, verliert er den Mut und die Sicherheit, sein Dasein zu behaupten, was in dumpfer Resignation negativ auf seine Einsatzfähigkeit zurückschlägt und sein Leben zum Problem macht. Im Raum der Ellipse wird er zu stark sich selbst umkreisen und mit eigener Kraft nicht in das Offene der Freiheit durchstoßen können, nach der er aus seiner ichhaften Abriegelung drängt.

Die Beziehung zum Du ist in der ovalen Hand keine polare, da die Pole des Männlichen und Weiblichen im Menschen selbst zu eng nebeneinander liegen. Der andere wird dadurch nicht in seinem eigenen Sosein angenommen, sondern nur als ergänzende Seite des eigenen Wesens in sein Ich hineingenommen. Ist dies nicht möglich oder besteht die Gefahr einer Triebverstrickung, verfällt man in das andere Extrem der Beziehungslosigkeit.

Die ovalen Hände müssen in ihrem Innenraum Zeichen für eine bewußte Auseinandersetzung mit der Welt – im Marsbereich und in der Kopflinie – erkennen lassen oder zur Fühlung mit der Transzendenz – in der Herzlinie – heranreifen. Geschieht dies nicht, dann wird der Mensch mit sich selbst nicht fertig und findet nicht die Harmonie und die Geborgenheit, nach der er sich sehnt. Er zieht sich in sein Ichgehäuse zurück und ist selten ganz gegenwärtig, weder im Geistigen noch im Naturhaften, aus deren Gegensätzlichkeit er sich ohne Disharmonien und Spannungen nicht lösen kann.

Die eckige Hand

Anders als die charakteristischen Eigenschaften der ovalen Hand sind die Anlagen der eckigen Handform (Abb. 8). In dieser Hand, die völlig viereckig erscheint, sucht der Mensch seinem Leben Form und Begrenzung zu geben. Er ist nicht mehr gebunden an das Problem des Daseins, nicht mehr auf der Suche nach Geborgenheit und Bewahrung, sondern steht in der bewußten Verpflichtung, sich mit der Welt und dem eigenen Sein auseinanderzusetzen.

Der eckige Handrumpf und die eckigen Finger wirken wie ein Rechteck, in dem der Mensch Leben und Welt in eine gültige Ordnung und Form eingliedert. Im Natürlichen bedeutet dies, das rechte Maß für die Dinge und Situationen zu finden und sich selbst den gegebenen Richtlinien einzufügen. Wenn das ordnende und gestaltende Prinzip im mittleren Bereich der Innenhand Raum und

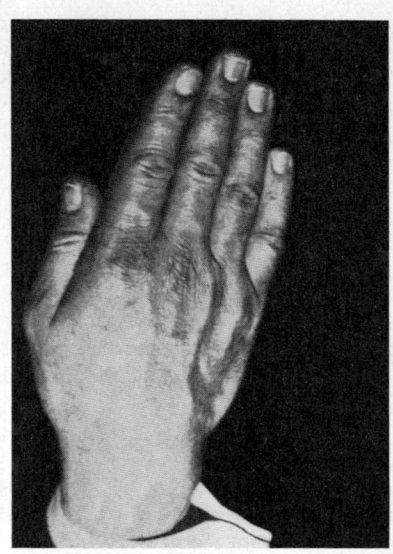

Abbildung 8

Fülle empfängt, dann wird der Mensch seinen persönlichen Charakter in der Auseinandersetzung mit der Welt herauskristallisieren. In eckigen Händen sollten Venus- und Mondberg entwickelt sein, damit Lebensfülle und Phantasie in die Einprägung hineingenommen werden. Ist der Berg unter dem Ringfinger erhöht, stehen künstlerische Anlagen dem Menschen zur Verfügung.

Ohne die Naturwärme, die aus dem unteren Handteil spricht, würde sich eine Kälte und Starre in der eckigen Form ausdrücken, die sich in Prinzipien und festgelegten Methoden einengt. Sind die Fingerberge wenig erhöht, wird das Leben in kleinliche und einseitige Schablonen gedrängt und der Mensch sich selbst und die anderen durch erstarrte Prinzipien überfordern.

Die eckige Form bedarf der Potenzen und Begabungen, damit sie aus diesen ein Gebilde fügen und die gewachsenen Formen des Lebens nachzeichnen kann. Je mehr der Mensch seine eigene Erfüllung sucht und in sich selbst ruht, um so vollkommener werden in einer Du-Beziehung oder künstlerischen Darstellung das rechte Maß und die gültige Ordnung hervortreten. Dies bedeutet ein klares Erkennen und gerechtes Beurteilen von Menschen und Situationen und die Bereitschaft, sich mit Problemen auseinanderzusetzen und ihnen nicht auszuweichen.

Der Mensch mit eckigen Händen wird aber nur dann seine positiven Anlagen verwirklichen, wenn nicht kleinliche Enge und pedantischer Zwang den Atem seines Lebens ersticken. In einer eckigen Hand, die der inneren Fülle oder seelischen Einfühlungskraft ermangelt, besteht die Gefahr, daß Fixierung und bedingungsloses Einhalten einer begonnenen Richtung zu Fanatismus führen oder zu dem Zwang, nichts in die Freiheit zu entlassen. Formungswille und Ordnungssinn dürfen die Bezogenheit zur Realität nicht verlieren, und die vorhandene Einseitigkeit darf nicht in Kleinlichkeit ausarten, damit die Menschlichkeit nicht in einer solchen eingegrenzten Hand erstarrt.

Menschen mit eckigen Händen finden sich in der Welt am besten zurecht und bauen die Ordnung und Lebensform auf, die dem Dasein eine gültige Bestimmung und Richtung gibt.

Die konisch-spitze Hand

Wenn von einer spitzen Hand gesprochen wird, so ist damit eine Form gemeint, die sich nach oben hin verjüngt; sie kann auch konisch, kegelförmig, genannt werden (Abb. 9).

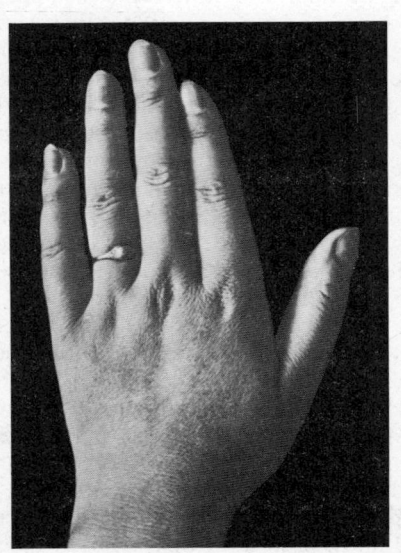

Abbildung 9

Diese Hand gewinnt im Gegensatz zu anderen ihre Gestalt vor allem durch die Finger, die über das raum-zeitlich Gegebene hinausgreifen. Der Zug zur Transzendenz wird von der Seele aufgenommen und erfüllt den Raum der inneren Sehnsucht, die nach einem geistigen Auftrag verlangt. In der konisch-spitzen Hand liegen Hingabe und Opferbereitschaft wie das Verlangen nach geistiger Durchdringung des Stofflichen. Materielles ist solchen Menschen nicht wichtig, ebensowenig seine Gestaltung. Sie können auf das konkret Gegebene verzichten, wenn sie den Sinn ihres Lebens in einem Höheren gefunden haben. Im Menschen mit einer konisch-spitzen Hand liegt die Sehnsucht nach einem größeren Leben, in dem das kleine begrenzte Ich aufgeht, und der Wunsch, das Raumzeitliche zu übersteigen zur Transzendenz hin, die ihn von allem ichhaften Suchen befreit.

Dennoch sollte in einem breiten, wenn auch nicht dominierenden Rumpf der spitzen Hand die Möglichkeit zum Ausdruck kommen und durch andere Zeichen in der Innenhand bestätigt werden, daß der Boden nicht unter den Füßen verloren und die Wirklichkeit geleugnet wird. So wäre eine ausgewogene gerade Kopflinie ein bewußtes Gegengewicht.

In der konischen Hand ist die Herzlinie von Bedeutung, da erst sie die Sehnsucht mit Tiefe und Lebendigkeit erfüllt. Deshalb sollte diese in einem guten Schwung bis zum Jupiterberg hinaufführen, als Zeichen lebendiger Fülle des Gefühlslebens. Hierin drückt sich auch eine Liebesfähigkeit aus, die das Du mithineinnehmen will in die geistigen Höhen, in denen die Einheit zwischen Ich und Du erst wirklich erfahren werden kann.

Dennoch besteht die Gefahr, daß der Wunsch, das Dasein zu überschreiten, die Beziehung zur Realität zurückläßt. Hieraus kann Selbsttäuschung entstehen und der Mensch in Sucht und Rausch sein Ichgefühl verlieren. Haltlosigkeit wird sich in einer schmalen konischen Hand mit langen Fingern äußern, die in der Innenfläche nicht verwurzelt ist. Doch nicht aus Schwäche und Unzulänglichkeit oder aus Weltflucht sollte die Sehnsucht der Transzendenz entstehen, sondern das Ich muß zuvor den eigenen Raum kennenlernen und die persönlichen Kräfte einsetzen, bevor es sie aufzugeben vermag. Nur was der Mensch besitzt und worüber er frei zu verfügen vermag, kann er verschenken, hingeben oder opfern.

Eine schlaffe, träge Hand mit besonders breitem fleischigem Handrumpf und kurzen spitzen Fingern, die sich stark verjüngen, verwandelt das Verlangen nach Hingabe in ein unstillbares unbefriedigtes Suchen. Ein solcher Mensch verfehlt seinen geistigen Auftrag und unterliegt Verführungen und Verlockungen, die ihm Erfüllung seiner Sehnsucht vortäuschen. Wenn noch eine in den Mondberg fallende Kopflinie hinzukommt, wird sich die Gefahr der Auflösung verstärken. Die unbewußte Welt der Träume und Bilder wie auch die anonyme Dynamik eines Kollektivs ziehen den Betreffenden in ihren Sog hinein. Ihre gefährliche Anziehungskraft begegnet keinem tragenden Widerstand.

Es ist am Anfang nicht einfach, eine Handform zu bestimmen. Dies wird erleichtert, wenn man durch begrenzende Linien, die um die Außenhand gezogen werden, verdeutlicht, ob sich diese – von unten wie oben gesehen – in der Handmitte verbreitern oder ob sie sich nach oben hin verjüngen. Erstere Form zeigt die ovale Hand in ihrer Eiförmigkeit. Die andere nach oben sich zuspitzende Hand ist die konische. Zwischen diesen beiden liegt die eckige Hand, die parallel laufende Linien als Begrenzung aufweist und durch diese abgeschlossen und zusammengehalten wird.

Läßt sich eine Hand nicht in einer dieser drei Formen wiedererkennen, dann sollte nicht krampfhaft versucht werden, sie in eine ganzheitliche Begrenzung einzufügen. Vielmehr muß in solchen Fällen, die fast häufiger vorkommen als eindeutige Handformen, zwischen Rumpf- und Fingerform unterschieden werden. Hierbei ist der untere Teil der Hand, dessen Aussagen vor allem in der Innenfläche liegen, weniger bedeutsam als der obere, den die Finger bilden.

Fingerformen

Auf der im Triebhaften verwurzelten Naturkraft bauen sich die Fähigkeiten auf, die der geistigen Verarbeitung des Lebens dienen und sich in den Fingern ausdrücken. Wie bei allen Erscheinungsformen der Außenhand überwiegt auch in den Formen der Finger nicht das Persönliche eines Menschen, sondern das Charakteristische einer Gruppe von Menschen, die in einer nicht allzu unterschiedlichen Weise handeln und reagieren und deren persönliche Innerlichkeit sich erst aus dem Innenraum ersehen läßt. Dennoch wird eine Anzahl von Menschen nur nach den Gruppenmerkmalen zu erkennen sein und sich in diesen kollektiven Zügen bewegen.

In den Fingerformen äußern sich wieder die Grundtendenzen in dreifacher Weise, wobei das Angelegtsein auf eine geistige Aufgabe im Vordergrund steht (Abb. 10). Sind die Fingerenden spatelförmig, das heißt verbreitern sie sich schaufelförmig nach oben, so ist der Mensch dazu bestimmt, das Transzendente im Konkreten und das ihm Aufgegebene in den unmittelbaren Situationen des Lebens zu suchen und zu finden. Das Bleibende und diesem Menschen Zugeordnete liegt nicht in Theorien oder Idealen, sondern in der Wirklichkeit einer praktischen Aufgabe und im Einsatz für eine Gemeinschaft. Menschen dieser Fingerformen werden aktiv und tätig sein, nicht nur mit der Hand, sondern auch im Meistern geistiger Probleme, soweit sie sich mit diesen beschäftigen. Sie werden auch dort Bleibendes und praktisch Verwertbares suchen, an dem sie sich halten und ihre Impulse einsetzen können.

Industrielle, Organisatoren, Techniker, Unternehmer, Chirurgen, Sportler und Menschen, die das Geistige in einer stoffhaften, leiblichen Verwirklichung begreifen wollen, gehören zu den Menschen mit breitausladenden Spatelfingern. In negativem Sinn zeigen sich diese Finger auch bei Menschen, die nur materielle Ideen der Zweckhaftigkeit und Ausnutzung mit geistigen Zielen verbinden.

Im Bild der eckigen Finger drücken sich, ebenso wie in der ganzheitlich eckigen Hand, Ordnung, Gestaltung und Gesetzlichkeit aus. Ein solcher Mensch sucht den geschlossenen Rahmen, das rhythmische Gleichmaß, die vollendete Form. Im Vordergrund steht die Erkenntnis dessen, was sein soll, was gerecht ist und in einer gültigen Ordnung steht. Im Stofflichen wie Geistigen sollen Gesetze gewahrt, Verantwortung getragen werden. Wirkt der eckige Finger durch ein leicht eingedrücktes Nagelglied starr zusammengedrängt, dann wird das ängstliche Festhalten an Methoden und Schablonen fast zwanghaft sein, und der Mensch wird unter allem leiden, was im Widerspruch zu seinem Ordnungswillen steht. Ohne Lebendigkeit der Handwurzel sind die Normen seines Lebens begrenzt, und sein Dasein verläuft zwischen kleinen, büro-

Abbildung 10

kratischen Paragraphen und der Anlage zu künstlerischer Gestaltung, zwischen Traditionsgebundenheit und Anerkennung gerechter Forderungen, zwischen Zuverlässigkeit und Verbitterung, Ethos und Konvention.

Eckige Fingerformen gehören zu verantwortungsvollen Beamten, pflichtgetreuen Angestellten, Wissenschaftlern, zu Offizieren, Erziehern und Lehrern, auch zu Künstlern, die dem Stoff das Geistige abringen müssen; in negativer Aussage zu Menschen, deren Enge und Kleinlichkeit in jedem Beruf einen Mangel an Menschlichkeit aufweist.

Die spitze oder konische Form der Finger ist schon bildhaft Ausdruck einer Sehnsucht, die über das Stoffgebundene hinausreicht und mit ihrer seelischen Antenne empfangsbereit macht für die Aufnahme des Geistigen. Das Erleben der Transzendenz ist hier keine Theorie, sondern ein Reifeprozeß, der sein Zentrum im Seelischen hat. Intellektuelle Theorien, blutloses Spekulieren und ein labiles Hin- und Herschwanken zwischen den verschiedensten Interessen äußern sich in konisch-spitzen Fingern, die keine seelische Potenz in der Innenfläche aufweisen. Der obere Handbereich und die Berge, die unter den Fingern liegen und von der Herzlinie getragen werden, haben für die geistige Einstellung der spitz zulaufenden Finger einen wesentlichen Bezug.

Menschen mit konisch-spitzen Fingern sind rezeptiv künstlerisch. Man findet sie bei Berufen, in denen Einfühlung, Anpassung und Nachahmung eine Rolle spielen. Typisch weibliche Eigenschaften, Freude an Schönheit und Wohlergehen, Idealismus und Höhenflug zeichnen sich in der spitzen Fingerform ab. Einfühlung und Hingabefähigkeit können sich auch auf sozialen Gebieten auswirken. Das Durcheilen der stofflichen Gebundenheit, das diesen Menschen aufgegeben ist, hat zur Kehrseite den Ichverlust oder die Tendenz zu Sucht und Verfallenheit, wenn kein innerer Halt gegeben und die seelische Substanz schwach ist.

Die Aussagen über die Finger beziehen sich auf knotenlose Glattheit. Differenzierungen ergeben Knoten, die von der Anlage gegeben und nicht durch Krankheiten entstanden sind. Sie fügen Mißtrauen, Zweifel und rationale Erwägungen in die Äußerungen der Fingerformen ein, da sie jeden ungehemmten Einfluß oder Eindruck bremsen und Sicherungstendenzen erkennen lassen.

Schon in den Formen der Außenhand – der ganzen Hand oder der Finger – lassen sich Anhaltspunkte für schicksalhafte Erfahrungen ablesen. Den verschiedenen Formen entsprechend, werden unterschiedliche Schicksalsanlagen bestehen.

Die Spatelform ist auf das Daseiende eingestellt und an das Natürliche gebunden. Sie setzt ihre Aktivität und Impulse im irdischen Bereich ein. Die eckige Hand sucht das Sein-Sollende zu verwirklichen und strebt nach bewußter Gestaltung. Die spitze, konische Hand- und Fingerform zielt nach Höherem und sucht Erfüllung im geistig-seelischen Bereich.

Im Bezug zum Schicksal bedeutet dies: Bei der Spatelform ereignet sich das Geschehen und Erleben in vorwiegend gegebenen Situationen und in der Beziehung und Auseinandersetzung mit der Welt. Es findet vor allem in Gefühlen der Lust oder Unlust seine Reaktionen. Überdies wird der Mensch, der auf die naturhaften Kräfte und auf die Bewältigung der Welt angewiesen ist, unter dem Gefühl der Angst leiden, der Angst davor, daß er das konkrete Dasein nicht zu meistern vermag, in dem er allein auf sich gestellt ist.

Die eckige Form setzt sich mit dem schicksalhaften Geschehen auseinander, das den Menschen trifft und sucht, seinen Sinn zu erfahren. Er leidet unter den Ungerechtigkeiten, denen er in der Welt begegnet und fühlt sich in seinem Verantwortungsgefühl verletzt und schuldig, wenn die Dinge nicht so verlaufen, wie er es für richtig hält. Er hat festgefügte Ansichten und Meinungen, deren Mißachtung er kaum zu überwinden vermag. Seine Reaktionen werden vor allem im Bereich der Freude und des Schmerzes liegen, die sein Vermögen oder sein Versagen zum Ausdruck bringen.

Die konisch-spitze Form ist für einen Auftrag bestimmt, der nicht im Weltlichen oder Stofflichen seine letzte Erfüllung findet, sondern über diese und über die eigene Unzulänglichkeit hinausstrebt. In der Sehnsucht, die Materie aufzulockern und keine Sicherung in ihr zu suchen, keine festen Schranken aufzubauen, wird die Auswirkung des Schicksals für den Betroffenen dort spürbar, wo er den Anruf einer geistigen Idee oder einer höheren Instanz nicht vernimmt oder sich gegen diesen stellt. Da im Zeichen der spitz zulaufenden Form Hingabe und Liebe nicht allein auf ein persönliches Ich gerichtet sind, sondern auf die Einheit in einem transzendenten Bezug und auf ein Ziel, das über das irdische Greifbare und Sichtbare hinausführt, wird ein Mensch, der in der Stoffverhaftung befangen und auf dem Weg zur Höherentwicklung zurückbleibt, an einer inneren Leere oder hoffnungslosen Einsamkeit leiden.

Das Schicksal, das einem solchen Menschen begegnet, wird für ihn unbegreifbar sein, weil er den Anruf nicht hört, der ihn in eine andere Richtung führen will und ihm, wenn auch eine schmerzhafte

Hilfe sein sollte, sich selbst zu übersteigen. In der Erfüllung seines geistigen Auftrags aber wird er die Seligkeit empfinden, die ihm ein transzendentes Erlebnis oder eine mystische Erfahrung schenken.

Bei Schicksalsaussagen, die durch die Form der Außenhand oder die Endungen der Finger zutage treten, geht es nicht um den inneren Werdegang des Menschen und auch nicht um sein persönliches Leben und seelisches Erleben. Vielmehr betreffen diese Aussagen seine Charakteranlagen und die Eigenschaften wie Fähigkeiten, die für eine objektive Leistung eingesetzt werden sollen oder für eine geistige Bestimmung geprägt sind. Unwesentlich ist hierbei die Frage, ob der Mensch dies unter leichten oder schwierigen Umständen vollbringt, ob er sich dabei glücklich oder unglücklich fühlt und in welchem Maße die schicksalhaften Einflüsse und Auslösungen ihn auf seinem Weg der Reifung vorwärtsbringen oder diesen durch Belastungen erschweren, vielleicht sogar hemmen.

Der innere Werdegang eines Menschen ist in der Sprache der Außenhand nicht aufgezeigt. Nur die jeweiligen Charakterzüge, die im Einsatz für die Leistungen oder für das Verhalten in der Welt aufgerufen sind, treten in Erscheinung. Zwischen dem Angelegtsein und dem Können eines Menschen auf der einen Seite und dem, was er in seinem inneren Wesen ist und wird auf der anderen, liegen Spannungen und Widerstände, Auseinandersetzungen und Probleme, die für die persönliche Entwicklung und Reifung notwendig sind.

c) Der Mensch in dynamischer Bewegung: Gebärde der Hand

Die Gebärde der Hand ist charakteristisch für den Menschen, der das Lebendige, Dynamische, das sein Inneres bewegt, zum Ausdruck bringen will. Es gibt gespannte und entspannte, verkrampfte und gelockerte Hände. Es gibt, wie Rilke über die Handdarstellungen von Rodin schreibt, ,,selbständige, kleine Hände, die, ohne zu irgendeinem Körper zu gehören, lebendig sind; Hände, die sich aufrichten, gereizt und böse; Hände, deren fünf gesträubte Finger zu bellen scheinen wie die fünf Hände eines Höllenhundes; Hände, die gehen; schlafende Hände und Hände, welche erwachen; verbrecherische, erblich belastete Hände und solche, die sich niedergelegt haben in irgendeinem Winkel wie kranke Tiere, welche wissen, daß niemand ihnen helfen kann ... Es gibt eine Geschichte der Hände; sie haben tatsächlich ihre eigene Kultur, ihre besondere Schönheit; man gesteht ihnen das Recht zu, eine eigene Entwicklung zu haben, eigene Wünsche, Gefühle, Launen und Liebhabereien."

Wer kennt nicht die Hände, die sich im Schmerz zusammenkrampfen oder beim Schreck abwehrend auseinanderspreizen, Hände, die sich in Wut zur Faust ballen oder in weiter Öffnung das Du umfassen wollen. Die Sprache der Hand ist vielschichtig und wird sich weniger verstellen als etwa das Gesicht, dessen Züge der Mensch zu beherrschen gewohnt ist.

Im christlichen Raum ist die Gebärde der Segnung wie die des Kreuzschlagens vertraut. Im lateinischen Segen zum Beispiel sind Daumen, Zeige- und Mittelfinger ausgestreckt, während sich die beiden anderen nach innen krümmen. Die gleichen Finger sind auf den Darstellungen des erhöhten Christus, des Pantokrator erhoben. So mag der Herr seine Jünger gesegnet haben, als er „gen Himmel fuhr".

Im Gegensatz zu dieser Handhaltung werden Gautama Buddha oder der Boshisattva Avalokiteshvara mit der Gebärde der Versenkung und Andacht dargestellt, in der Daumen und Zeigefinger sich zu einem Kreis zusammenschließen, während sich die drei anderen Finger, ein wenig gebogen, dem Außen zuwenden. Bildhaft gesprochen, schließt sich das Ich von der Welt ab und kreist sich selbst ein. Die unbewußte empfangsbereite Seite aber ist horchend und wachsam geöffnet. Auf das Passive, Stoffgelöste, Ichentbundene ist das Leben gerichtet, das nach Verlöschen sich sehnt. Die Gebärde des erhöhten Christus dagegen symbolisiert die Macht, die der Weltherrscher einst ausüben wird. In dem erhobenen Zeigefinger können wir auch die Worte erinnern: „Ich aber sage euch!"

Wenn diese Aussagen in die menschliche Welt hineingenommen werden, bedeutet es, daß der Mensch mit einer Handhaltung, bei der Daumen und Zeigefinger betont sind, in die Aktion tritt und sich selbst bezeugt. Im Negativen werden in einem zu stark erhobenen Zeigefinger Ichbetonung und Forderung verstärkt.

Sind der Ring- und kleine Finger, häufig gemeinsam mit dem Mittelfinger, leicht abgestuft nach außen gewendet, während sich Daumen und Zeigefinger berühren, dann kann dies eine Haltung des Horchens sein, die sich nach innen konzentriert und sich vom Außen abschirmt.

Beim Öffnen der Hand spreizt sich der Daumen zeitweilig von den anderen Fingern ab, ein Zeichen der Unabhängigkeit seiner Impulse, während eine starke Anlehnung Unselbständigkeit ausdrückt und mangelnde Widerstandskraft. Auch der kleine Finger kann sich abspreizen. Er hat eine freie Bewegungsmöglichkeit nach außen hin, diese ist aber weniger groß als beim Daumen. Mit seiner dem Du und der Welt zugewandten Antenne nimmt er Einflüsse und Schwingungen auf, die ihn ergreifen. Dies geschieht im Bild seiner Freiheit von den anderen Fingern. Es kann sich in diesem Zeichen aber auch Eitelkeit und Manieriertheit ausdrücken, um die Aufmerksamkeit anderer auf sich zu ziehen.

Wenn wir einem Menschen gegenübersitzen und auf seine Hände blicken, so empfangen wir unmittelbar einen sympathischen Eindruck oder empfinden ein Gefühl der Antipathie und Ablehnung. Wir können uns dies meist nicht erklären, denn es liegt nicht nur an dem Anblick einer schönen oder häßlichen Hand. Es sind auch nicht nur die Knoten an den Fingern oder die Glätte und Schmalheit der Hand, sondern eine Bewegung, ein Hinlegen oder Spielen der Finger, die uns im Positiven wie Negativen berühren. So gibt es Hände, die schlapp, fast leblos auf dem Schoß liegen und sich ebenso lässig fallen lassen, wie es der Mensch tut, dem sie zugehören; oder Hände, die mit energischem Zugriff die Zeitung halten und Energien sammeln, die nötig sind für die Konzentration auf die Arbeit. Manche Hand spielt nervös und unruhig herum, macht sich an der Kleidung zu schaffen oder faßt etwas an, um es gleich wieder fortzulegen. Sie kann sich auch an eine Stütze anklammern, als wolle sie mit diesem Griff die ganze Welt festhalten. Andere Hände erscheinen viel zu zerbrechlich, um sich auch nur dem geringsten Widerstand entgegenzustellen.

Wir unterscheiden zwischen frohen, strahlenden und weinenden Händen voller Trauer, zwischen geschmeidigen und groben Händen. Ausdrücke wie Spinnenfinger, Krallen, Stummelhand wollen nicht nur bildliche Umschreibung sein, sondern zugleich sinnhafter Hinweis. Sie charakterisieren nicht nur das Bild der Hand, sondern ebensosehr das Wesen ihres Trägers, wenn auch nur in allgemeinen Zügen und weitesten Grenzen. Täglich begegnen wir einer Vielfalt von Händen bei der Arbeit, im Geschäft oder in der Bahn. Wenn wir uns diesen zuwenden, erfahren wir etwas von dem Menschen, zu dem sie gehören, von seinen Anlagen und Möglichkeiten, von seiner Not oder Bedürftigkeit.

Wir können mit den Händen auch einen psychologischen Test versuchen: Man legt die Hände mit der Innenfläche spontan auf den Tisch. Hier schon beginnt der Test. Die Spontaneität fehlt manchem, und er wird nur zögernd sich auf diese Probe einlassen oder gar nicht mitmachen. Dabei ist in der Außenhand noch nicht das Wesentliche, Persönliche zu erkennen, das in der Innenhand erst sichtbar wird. Es wird bei diesem Test auch nicht die Form der Hand oder der Finger bestimmt, auch nicht das Verhältnis von Rumpf und Fingern. Alle Aussagen bleiben im Raum dessen, was eine Gebärde erkennen läßt. Natürlich ist auch diese nicht vom einzelnen Menschen und seinen Charaktereigenschaften zu trennen, aber eine Gruppe von Menschen kann und wird in ähnlicher Weise beim Handhinlegen reagieren. Das ist nicht die besondere Art eines einmaligen Menschen, eher ein typisches Verhalten.

Einige Weisen des spontanen Handauflegens, bei dem das Denken nicht eingeschaltet ist, seien hier geschildert: Die ganze Hand, Rumpf und Finger, liegen flach auf der Fläche. So stützt man sich auf ein Fundament und findet einen festen Halt. Sind hierbei die Finger fest aneinandergepreßt, dann ist der Mensch verkrampft und darauf bedacht, daß niemand ihn beeinflußt und in seinen Bereich eindringt. Seine Handlungen und Reaktionen können hart und unverbindlich sein, und es mag an Einfühlungsvermögen und Empfindsamkeit mangeln. Das Gewollte wird durchgesetzt, und das Erreichte verteidigt. Aber man wird sich nie ganz von Konventionen befreien können, auch wenn man nach außen hin die Unabhängigkeit verteidigen wird. Vielleicht liegt auch ein Zwang in dieser Haltung des Sichbewahrens und Schützens, eine Enge oder Angst, wenn man sich nicht zu lösen wagt und in einem gegebenen Zustand verharrt. Aber erst die Form der Hand oder Finger wird hierüber mehr aussagen.

Sind die Finger der flach aufliegenden Hand weit auseinandergespreizt, wäre dies eine harmonische Verbindung. Trotz der sicheren und festen Stütze in der Welt ist im seelischen und geistigen Raum eine freie Großzügigkeit gegeben. Auch dem anderen wird diese Unabhängigkeit zugebilligt. Man wird sich nicht an Normen und Konventionen binden, auch keinem Zwang unterliegen. So bleibt bei aller Selbstbehauptung und Durchsetzungskraft eine innere Gelöstheit. Materielle und geistige Interessen, Eigenwille und Anpassung, Ich-Betonung und Du-Kontakt stehen in einem dynamischen Ausgleich.

Einige Hände werden beim Auflegen die Fläche nur langsam berühren. Zuerst legt sich der Rumpf auf die Unterlage, dann folgen die Finger ganz langsam nach, oder sie kommen gar nicht zur Auflage. Bei einer solchen Haltung fürchten die Menschen sich in ein Ungesichertes, Fremdes hinauszuwagen. Sie wollen sich festhalten am Gegebenen, Vertrauten, an ihre erdhafte Verwurzelung. Ihr Vordringen in die Welt oder zum Partner hin ist scheu und ängstlich. Am liebsten würden sie sich hinter einem Stärkeren verbergen, wenn Anforderungen und Schwierigkeiten an sie herantreten und sich nur in die Welt hinauswagen, wenn sie sich mit Sicherheit gehalten wissen. Sie fürchten sich auch, ihre geistigen Interessen zu vertreten und ihre Gefühle einem anderen einzugestehen, vielleicht nicht einmal sich selbst.

Bleibt eine Hand, die sich auf eine Unterlage flach hinlegen sollte, gewölbt, so daß nur der unterste Teil des Rumpfes und die Fingerspitzen die Fläche berühren, dann tritt in dieser Haltung eine gewisse Scheu zutage. Der große Raum der Hand, der ausgespart bleibt, ist, im Bild gesprochen, nicht von einer festen Grundlage gestützt. Damit ist die Gefahr der Beeinflußbarkeit gegeben und die Möglichkeit, sich realen Forderungen zu entziehen. Auch werden Vitalität und Durchsetzungskraft wenig ausgeprägt sein.

Es gibt noch andere Haltungen der Hand: Bei einer wird von der gewölbten Hand nur eine Seite aufgelegt. Stützt sich die Duseite auf die Unterlage, wird Halt im Außen gesucht. Nur bei einem Partner oder aus einer Sicherung heraus kann sich das Ich frei ausleben. Der Daumenseite bleibt die Beweglichkeit, während die Kleinfingerseite gebunden ist. Im anderen Fall ist der Daumen fest aufgelegt und in diesem Zeichen die Selbstbehauptung fixiert, während nach außen hin die Freizügigkeit erhalten bleibt.

Wenn ein Mensch beim Hinlegen oder auch als übliche Gebärde die Hand zur Faust schließt und den Daumen in ihr versteckt, ist dies Zeichen einer Zurückhaltung der unmittelbaren Gefühle wie auch ein Verstecken der Willensregungen. Wer aber den Daumen fest über den Zeigefinger legt, verfügt über eine starke Willenskraft und wird die Meinungen und Wünsche der anderen übersehen, um die eigene Daseinsbehauptung ungehindert durchzusetzen. Selbstbeherrschung, Anspannung und Disziplin sprechen aus dieser Gebärde.

Möglicherweise kann ein versteckter Daumen zwischen Zeige- und Mittelfinger durchblicken. Dies ist als Zeichen von Müdigkeit und Erschöpfung zu werten. Man möchte sich zurückziehen und nur einen Blick in die Welt hinaus wagen, deren Forderungen als belastend und erdrückend empfunden werden. Bei einer schwachen Hand besteht die Gefahr, daß der Betreffende sich aus Scheu oder Minderwertigkeitsgefühlen nicht der Wirklichkeit stellen will und nur im Schutz der beiden Finger, also in der Verborgenheit, seine vitalen Triebkräfte herausläßt.

Bei den Aussagen der Gebärde muß zwischen der linken und rechten Hand unterschieden werden. Die linke Hand ist stärker Ausdruck des noch Ungeformten und Unbewußten. Sie zeigt die

Anlage, die dem Menschen gegeben ist und die sich in der rechten Hand entfaltet. Was links nur Möglichkeit war, wird rechts zur Gegebenheit. Links offenbart sich das Betrachten, das Sich-Versenken; rechts liegt das Handeln und Vorwärtsdrängen. Aus der Latenz und dem noch nicht Geformten der linken Hand wird in der rechten das Gestaltete und Geordnete.

Wichtig für die Aussage der Gebärde ist auch die Beobachtung, wie die Hände zusammengefaltet werden. Liegt der linke Daumen über dem rechten, werden die Gefühle unmittelbar angesprochen, im umgekehrten Fall setzt zuerst das bewußte Denken und Wollen ein. Die entspannte Gebärde kann sich in freier Empfangsbereitschaft weithin öffnen, um das Einströmende aufzunehmen. Eine Hand, die beim Ausstrecken unbiegsam und starr bleibt, ist Zeichen von Starrheit und Fixiertheit, im Extremfall von Fanatismus und Unduldsamkeit.

Von Bedeutung ist auch, welche Finger in die Gebärde der Hand hineingenommen werden, da die Betonung der Ich- oder Duseite, also der Ichbehauptung oder Hinneigung zum Du, ihre eigene Sprache hat. Die Unabhängigkeit, die der Zwischenraum zwischen Zeige- und Mittelfinger ausdrückt, bezieht sich auf das Handeln und Tätigsein in der Welt; der meist kleinere Raum, der sich zwischen dem mittleren und dem Ringfinger ergibt, entstammt der Freiheit, die den innerseelischen Erfahrungen Raum gibt.

Wir können beobachten, daß die Gebärde der Hand im Laufe der Zeit sich ändern kann. Dies geschieht, wenn der Mensch sich selbst in seiner Verhaltensweise wandelt. Schwäche oder Starrheit der Bewegungen werden sich in dem Maß verändern, wie der Mensch durch Wachsamkeit und Selbsterkenntnis in sich selbst eine Wandlung anstrebt. So könnte dieser Handtest, der mehr ist als ein Spiel, eine therapeutische Wirkung ausüben. Aus dem Spiel wird Ernst, wenn man bedenkt, daß in jeder Haltung und Gestik, in jeder äußeren Gestalt und Ausdrucksform das Innen, die Seele des Menschen mit enthalten ist und angesprochen werden kann.

Ein sehr einfaches und doch bedeutsames Feststellen einer inneren Veränderung ist aus dem Handdruck bei der Begrüßung festzustellen. Dieser kann hart, schwerfällig, grob, ausgewogen oder sanft, leicht, zärtlich sein, entsprechend dem Charakter des Handgebenden. Die Finger können sich aber auch fast schleimig jedem Zufassen entziehen, wenn der Mensch teilnahmslos und gleichgültig dem anderen begegnet. Verändert sich der Handdruck, dann äußert sich hierin eine charakterliche Umstellung in der Begegnung und Begrüßung.

3. Bestimmung und Entwicklung des Menschen im Bild der Hand

a) Der Mensch in seiner Bestimmung:
Horizontale Teilung der Innenhand

Die Innenfläche des Menschen ist Ausdrucksfeld seines persönlichen Lebens und seines inneren Weges, den er nach seiner Bestimmung geht oder verfehlt. Über diesen persönlichen Weg und Werdegang sagt die vertikale Aufteilung der Hand etwas aus, während die horizontale Gliederung die Gegebenheiten für diesen Auftrag herausstellt (Abb. 1). Die personale Struktur eines Menschen ist eine dreifache, wie dies überall in der Hand zutage tritt. Zuunterst liegen Venus- und Mondberg, das Ausdrucksfeld der zeugerischen Triebkraft und des fruchtbaren Urgrundes. Im mittleren Handflächenbereich wird die Marskraft symbolisiert, in der Energie und Impulskraft zur Auseinandersetzung mit der Welt drängen. Im obersten Raum verdichtet sich die Sehnsucht des Menschen und der Wunsch, seine Bestimmung zu erfüllen.

Bildhaft zeigt sich, daß der breiteste Raum im unteren Handraum liegt, während der obere schon in die Finger übergeht und gleichsam die in ihm symbolisierten Bestrebungen aufwärts trägt. Die verschiedenen Bereiche werden von Erhöhungen gezeichnet, von den sogenannten Bergen, die, wie wir schon sahen, mit symbolischen Namen aus der Mythologie bezeichnet werden.

In der horizontalen Gliederung zeichnet sich noch nicht der Werdegang des Menschen ab, sondern erst die drei übereinanderliegenden Kraftfelder, die zur Verwirklichung der Lebensform zur Verfügung stehen. Es sind die Grundimpulse des aktiven Triebes und der unbewußten Empfänglichkeit – Venusberg und Mondberg –; der bewußten Gestaltung und Willensrichtung – der Bereich des Marsberges in der Handmitte – und zuoberst das Potential an seelischer Innerlichkeit. Das Relief der Berge gibt die Stärke der in ihnen verkörperten Kräfte an und ist in einer harmonischen mäßigen Fülle positiv zu bewerten.

Der Venusberg (Daumenballen)

Bei der horizontalen Gliederung der Innenfläche werden die Erhöhungen auf der Ich- und Duseite zusammen bewertet. Der Venusberg liegt zuunterst auf der aktiven Ichseite und bildet das ausgeweitete unterste Glied des Daumens; darum muß im Zusammenhang mit dem Venusberg auch vom Daumen gesprochen werden.

Dieser spiegelt die Vitalität und Impulskraft des Menschen wider, das Verlangen, ungehemmt vorwärtszudrängen und ohne Reflexion oder Einschränkung durch die Kontrolle des Verstandes in Aktion zu treten. Das Ich gibt diesen Lebensenergien noch keine Richtung und kein Ziel. Die Triebe und Impulse setzen sich unmittelbar, der Länge und Breite des Daumens entsprechend, durch. Im Daumen symbolisiert sich die Triebkraft und das Maß an sinnlicher Fülle, mit deren Hilfe der Mensch die Welt zu bewältigen und sein Dasein zu behaupten sucht.

Ein langer Daumen, der beim Anlegen Dreiviertel des untersten Zeigefingergliedes übersteigt, will mit großer Intensität sein spontanes Wollen durchsetzen und überrennt, wenn es ihm möglich ist, alle Schranken, die sich ihm entgegenstellen. Diese Möglichkeit ist aber nur gegeben, wenn der lange Daumen auch breit ist und überdies der Venusberg die vitalen Energien zur Verfügung stellt. Ist der Daumenballen schwach entwickelt, dann besteht nur der Anspruch auf einen großen Lebensraum und das natürliche Begehren, sich durchzusetzen; aber ein solches Verlangen entspricht nicht der Veranlagung und der vorhandenen Triebkraft.

Es kann auch der umgekehrte Fall eintreten, so daß ein kurzer und schmaler Daumen gar keinen Wunsch nach Durchsetzung und Ausleben der Triebimpulse hat, die Naturkraft aber in einem starken Venusberg über diese verfügt. Bei einer solchen Dissonanz können sich die vitalen Willensenergien aufstauen, aber sie wagen nicht, ins Leben einzudringen und sich zu behaupten. Solche Unstimmigkeiten zwischen den Erhöhungen in der Hand und den in ihnen verwurzelten Fingern müssen beachtet werden, um auch das Widersprüchliche in einem Menschen zu erkennen und klarzustellen.

Menschen, die ihre von Natur gegebene Fülle oder Schwäche an Triebmächtigkeit nicht zeigen wollen, verstecken beim Schließen der Hand den Daumen in ihr. Naturvölker schützen ihn vor dem „bösen Blick" magischer Beeinflussung. Den Sklaven früher Zeiten wurde der Daumen als Zeichen der Entmachtung abgeschnitten, und der römische Herrscher entschied über Leben und Tod der Gladiatoren, wenn er den Daumen nach oben oder unten hielt.

Der Daumen hat, wie alle Finger, drei Glieder, von denen das unterste als Venusberg in den Innenraum der Hand eingelagert ist. Zeichnet sich bei seinem Ansatz ein harter Winkel ab, ist ein natürlicher Rhythmus vorhanden, der das Leben bewegt. Es gibt Daumen, die tief im Venusberg angesetzt sind und dadurch klein erscheinen. Sie können trotzdem die notwendige Länge haben, sind aber so stark an den Trieb gebunden und im Wurzelbereich verankert, daß auf eine stark materielle Stoffgebundenheit zu schließen ist. Ist aber der Venusberg schwach entwickelt, wird auch ein tief eingelagerter Daumen eine Schwäche der vitalen Potenzen zum Ausdruck bringen.

Die Triebkraft, die sich im Daumen ausdrückt und von der Intensität des Venusberges gespeist wird, zeigt sich im mittleren Daumenglied als Empfangsbereitschaft für sinnenhafte Eindrücke und Triebreaktionen, während das oberste Daumenglied die aktive und vorstoßende Potenz erkennen läßt. Ein übermäßig starkes Nagelglied des Daumens, der sogenannte keulenförmige Daumen, ist negativ zu beurteilen, da er eine bis zur Gewaltsamkeit ausartende Rücksichtslosigkeit ausdrückt. Ein im Verhältnis zu langes und dünnes Mittelglied zeigt die Ansprechbarkeit auf Sinneseindrücke, sagt aber nichts aus über die vitale Potenz, die sich besonders im Bereich des Venusberges sammelt.

Um Gültiges auszusagen über die Fülle an Sinnenhaftigkeit, Vitalität und Triebkraft, genügt nicht allein der Venusberg, sondern er muß im Verhältnis zum Daumen und seinen beiden anderen Gliedern betrachtet werden. Nur auf diese Weise läßt sich etwa erkennen, ob die im Daumenballen vorhandenen Potenzen durch einen mäßig langen und breiten Daumen mit einem nicht übermäßigen, doch ausgeprägten obersten Glied Zugriff zur Welt finden, oder ob sie gestaut und verdrängt werden, weil ein schmales, dünnes Mittelglied sie gar nicht aufnehmen und weiterleiten kann. Es können sich auch Antriebshemmungen in einem solchen bedeutungslosen Glied ausdrücken und eine so bereitwillige Anpassungsfähigkeit, daß sich das obere Daumenglied gleichsam von seinem Mutterboden abgeschnitten fühlt und die Gefahr besteht, daß die Triebmächtigkeit des Daumenballens explosiv herausgestoßen wird. Der in seiner ganzen Gestalt kleine Daumen wird sich von einem starken Venusberg und seinen angestauten Triebkräften bedrängt fühlen.

Bedeutsam bei der Beurteilung des Daumens ist auch seine Starre oder seine Biegsamkeit. Zum normalen Daumen gehört eine gewisse Biegsamkeit. Ist diese überhöht, so daß er sich ganz nach hinten zurücklehnen kann, wird die darin ausgedrückte Haltlosigkeit das Maß überschreiten, das für die Anpassung der natürlichen Kräfte an die gegebenen Lebenssituationen notwendig ist. Dagegen ist ein starrer Daumen, der sich nicht zurückbiegen kann, Ausdruck eines sturen Menschen, der unbeugsam und eigensinnig seinen Triebregungen folgt. Der Daumen kann auch in sich gebogen sein und sich nicht ausstrecken. Dann kennzeichnet dies eine Verspannung im Triebleben, eine Verkrampfung, die festhalten will und nicht losläßt, was sich in ihr zusammenballt.

Bei der Betrachtung des Daumens ist auch das Profil bedeutsam. Von der Nagelseite aus gesehen, zeigt sich das Potential an Triebkraft und Aktivität, die dem Menschen zur Verfügung stehen, im Profil drückt sich die Verfügbarkeit der elementaren Kräfte aus. Ein dem Anschein nach breiter Daumen kann im Profil dünn erscheinen als Zeichen, daß die an sich vorhandenen Kräfte nicht aktiviert werden. Das im Profil abgeflachte Nagelglied gehört einem Menschen, dessen Lebensenergien leicht abschwächen und sich erschöpfen, während ein breites Profil das stetige Aktivieren latenter Kräfte ermöglicht. Gefährlich ist es, wenn ein übermäßig breiter Daumen abgeflacht ist. In ihm ballen sich die Triebkräfte, die keinen Ausgriff in die Welt finden, zusammen und fallen in Aggression und Brutalität auf den Menschen selbst zurück oder drängen zu einer hemmungslosen explosiven Entladung.

Diese Aussagen müssen am Venusberg auf die Möglichkeit ihrer Auswirkung geprüft werden, denn maßgebend bleibt die Fülle, Breite und Bewegtheit des Daumenballens, in denen sich die Kraft und das Vermögen an Widerstandsfähigkeit, Durchsetzungswillen und Sinnenhaftigkeit ausdrücken. In der Triebfülle eines gut entwickelten, aber nicht übermäßig erhöhten Venusberges läßt sich auch eine Impulskraft und dynamische Bewegung zum Leben hin erkennen, die zur natürlichen Kraftquelle aller Strebungen und Sehnsucht werden kann. Ohne diese Triebkraft fehlt den Erhöhungen im oberen Handraum die Möglichkeit, die in ihnen symbolisierten Potenzen zu entfalten.

Die im Venusberg vorhandene natürliche Dynamik, die noch nicht von Bewußtsein und Denken geformt und kontrolliert wird, ist in ihrem Dasein und ihrer Auswirkung noch wertfrei und unbestimmt. Sie ist noch ambivalent und kann lebenserhaltend oder zerstörend sein.

Wenn der Venusberg sich aus seiner normalen Lage in der Mitte des Daumenballens zur Handwurzel hin verschiebt, dann ist die ursprüngliche Triebmächtigkeit aus ihrem natürlichen Wirkungsbereich verdrängt. Ein solcher Mensch hat nicht die Fähigkeit, sich am Dasein und an einer elementaren Trieberfüllung zu erfreuen.

In einem schwachen Venusberg fehlt das natürliche Vermögen, sein Dasein zu behaupten und Befriedigung im Ausleben elementarer Wünsche zu empfinden. Der Wille zum Leben und der ursprüngliche Mut, das Wagnis des Lebens auf sich zu nehmen, sind geschwächt. Es handelt sich bei dem schwachen Daumenballen, zumal wenn er hart und gespannt ist, mehr um eine Schicksalsals um eine Lebenshand, und die Kräfte zum Dasein und zur Bewältigung der Lebenssituationen sind nicht instinkthaft gegeben, sondern müssen unter Mühen immer neu errungen werden.

In einer Hand mit einem starken und breiten Handrumpf werden sich Lebensmut und Lust am Dasein mit vitaler Intensität durchsetzen. Aus der ursprünglichen Naturkraft strömt im Venusberg eine lebendige Wärme hervor, die von besitzergreifender, gleichsam suggestiver Kraft ist.

Der Venusberg ist häufig von Linien durchzogen. Vertikale Linien sind nicht nur hier, sondern auf allen Bergen, Zeichen der Umsetzungsmöglichkeit, des ungehinderten Ausschwingens. Auf dem erhöhten Venusberg lassen sie ungehemmte Impulskraft, verstärkte Aktivität und Vitalität erkennen, deren Gesammeltheit aber erst das Bild der Lebenslinie vermittelt. Von ihr soll später gesprochen werden.

Die Horizontalen im Venusberg sind Zeichen einer dumpfen Triebhaftigkeit, wenn sie nicht ihren Weg zur Lebenslinie hin finden. Immer deutet die horizontale Linie das erdgebundene Schwere, Schwunglose an. In einem unentwickelten Venusberg deuten die Querlinien auf Mangel an Vitalität und ein fehlendes Triebgefälle. Es besteht auch, vor allem bei dem nach unten gedrängten, harten Venusberg, die Gefahr, daß die Triebwelt gehemmt ist. Fehlt die Möglichkeit einer geistigen Sublimierung, die vor allem aus dem oberen Handraum zutage tritt, bleibt ein quälender unterschwelliger Drang zurück. Denn das Triebhafte im Venusberg bleibt stets ein aktives Drängen, das durchbrechen wird oder verarbeitet werden muß.

Der Mondberg

Seine Aussagen betreffen die noch unbewußten, in den Tiefenschichten des Menschen gesammelten Wirk- und Bildekräfte, die seine Phantasie befruchten oder ihn in Sog und Sucht hinabziehen. Es zeigt sich in diesem Mondbereich die Empfangsbereitschaft und Ansprechbarkeit des Menschen und seine Anzugskraft für Urbilder und Zeichen, für Vorstellungen, Einfälle und Einbildungen. Ebenso werden in diesem Raum Eindrücke, Wünsche, Träume, Erlebnisse bewahrt, die aus dem bewußten Leben in das vitale Gedächtnis der Seele verdrängt wurden, doch nichts an ihrer Lebendigkeit einbüßten. Wer von den Kräften bestimmt wird, die sich im Mondberg ausdrücken, lebt in einer Welt, in der die klaren Umrisse sich verwischen und Sachlichkeit und Begrifflichkeit fehlen. Hier haben die Dinge und Abläufe leicht den Charakter des Flüchtigen, Veränderlichen. Sie atmen noch ein vorbewußtes, unpersönliches, im Kollektiven sich abspielendes Geschehen und gewinnen noch nicht ihre klare Gestalt.

In diesem Raum zeigt sich die mediale Aufnahmefähigkeit, die mütterliche Funktion des Empfangens und Austragens, die schöpferischen Einfällen und fruchtbarer Phantasie den Nährboden geben. Je höher der Mondberg zur Kopflinie, der untersten Horizontalen hin ausgeprägt ist, um so stärker werden die unbewußten Bildkräfte und noch nicht gestalteten Inhalte nach Bewußtsein und Formung drängen. Je tiefer der Berg zur Handwurzel herabsinkt, um so stärker wird der Sog des Unbewußten den Menschen in eine kollektive Welt herabziehen, in einen Urzustand, in dem noch alles ungeordnet enthalten ist.

Während der untere vorbewußte Naturraum, den der Venusberg auf der aktiven Seite der Hand einnimmt, die männlichen Kräfte der Zeugung und das aktiv Lockende des Triebes darstellt, drückt der Mondberg die weiblichen Kräfte aus, die als Gefäß, als geöffnete Schale, als Schoß der Empfänglichkeit im Unbewußten eine passive Aufnahmebereitschaft erkennen lassen. In der Kraft des Mondberges hat der Mensch Zeit, zu verweilen, auszutragen und reifen zu lassen. Er wartet, empfängt und gebiert.

Der Mondberg drückt auch die Gabe der Beobachtung aus, die nicht einem bewußten Aufmerken, sondern einer instinktiven unterschwelligen Aufnahmefähigkeit entstammt und Eindrücke wie Erfahrungen bildhaft er-innert. Es wird bewahrt und genährt, gehütet und umsorgt, was im Unbewußten Dauer hat, was dort als inbildhaft Vorgegebenes im Schoß der Mutter ruht und seiner

Auszeugung entgegenharrt. Organisch entfaltet sich, was aus ursprünglicher Ordnung stammt.

Ein erhöhter Mondberg zeigt Mütterlichkeit, fruchtbare Empfangsbereitschaft und ein Aufnehmen unbewußter Bilder, Vorstellungen und sinnenhafter Anschauungen. Dem Kollektiv verhaftet, sind aber diese Menschen häufig Massensuggestionen ausgeliefert und reagieren unmittelbar auf alles, was ihre leicht romantische Einbildungskraft anspricht. Stärkste Anziehung hat für sie das Wasser, in dessen Fluß und Tiefe das Unbewußte sein vertrautes Element findet. Zugleich schenkt diese organische Einbindung in den kosmischen Kreislauf auch das Gefühl der Geborgenheit. Der Mensch fühlt sich noch nicht aus dem großen Ur-Wir, aus dem Mutterschoß der Natur herausgefallen.

Mediales Einfühlen, Witterung, Spürsinn und Einbildungskraft, die dem inneren Wesen der organischen Naturzusammenhänge, dem Urquell mütterlicher Weisheit entstammen und im Mondberg Ausdruck finden, werden ein unmittelbares Reagieren und den rechten Instinkt für das organisch Gemäße anzeigen.

Beim Beobachten des Mondberges entdecken wir zeitweilig Linienmuster in der Haut, die sogenannten Papillarlinien, die sich auch an anderen Stellen, besonders auf den Fingerkuppen zeigen. Im Mondberg können diese Musterungen in ihrer verschiedenen Form eine wesentliche Aussage über das Unbewußte eines Menschen machen (Abb. 11). Sie lassen ein untergründiges Schwelen und unruhiges Gären erkennen, das dem Bewußtsein noch nicht

Abbildung 11

74

zugänglich ist, dessen Intensität aber in richtungslosen Wunschträumen und Phantasien auswuchert.

Die Zeichnungen in der Haut können vergehen, sich verändern oder auch als sichtbare Linien in Erscheinung treten. Sie beobachten heißt dem Spiel des Unbewußten nachgehen und ist hilfreich für die Erkenntnis des Menschen in seinen Tiefenschichten.

Ist der Mondberg übermäßig erhöht, wird ein überstarkes Verlangen nach Geborgenheit sichtbar und der Wunsch verstärkt, im Kollektiven zu verharren und sich in einem dumpfen Sog zu bewahren. Diese Schutzmaßnahmen sollen das unruhige Suchen und Sehnen, das noch ziellos im Mondberg gärt, zum Schweigen bringen. Das Abhängigsein von Stimmungen, Ahnungen und Einfällen, ein schwärmerisches Verlangen nach Ichauflösung und das Fehlen von Konturen und Begrenzungen können in einem zu stark erhöhten Mondberg die Gefahr aufzeigen, daß der Mensch dem übermächtigen Sog der unbewußten Bilder, des Rausches und der Sucht verfällt.

Ist dagegen der Mondberg nicht erhöht, sondern flach, dann fehlt dem Menschen die ursprüngliche Geborgenheit. Nicht eingebettet in die Fruchtbarkeit des Kosmos und die Welt der vorbewußten Bilder, auch nicht von einem Kollektiv getragen, fühlt sich der Mensch unsicher, schutzlos, verlassen. Die Welt, auf die er angewiesen ist, erscheint ihm kalt und gleichgültig. Er fühlt sich nirgendwo beheimatet und bleibt teilnahmslos und gleichgültig, da er sich nicht in den anderen hineinfühlen kann. Es mangelt ihm auch das sichere Erspüren des organisch Gewachsenen und die Empfangsbereitschaft für Anregungen, die seine Phantasie wecken könnten.

An die Stelle der Einbildungskraft tritt eine innere Dürftigkeit und Leere. Ein solcher Mensch wirkt ermüdend und dumpf auf seine Umwelt, da er jeder unbewußten Schwingung und Gelöstheit entbehrt. Die Bewegung im nicht gestalteten und bewußt gelenkten Innenraum ist noch nicht in Fluß getreten.

Ähnliches drückt auch eine große Horizontale aus, die den Mondberg ganz von der Entwicklung nach oben abschließt (Abb. 12). Diese horizontale Linie, die auch ein wenig kreisförmig verlaufen kann, doch keinen Raum mehr zur Durchlässigkeit freigibt, läßt die Stauung im Unbewußten bildhaft erkennen. Eindrücke und Erlebnisse, die verdrängt oder niemals ins Bewußtsein gehoben wurden, führen ein unkontrolliertes und nicht kontrollierbares Eigenleben, können aber durch ein nicht vorauszusehen-

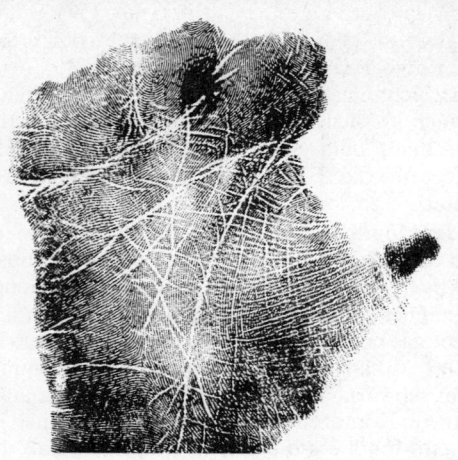

Abbildung 12

des Geschehen ausbrechen. Es kündet sich in diesem Zeichen auch die Gefahr für Rausch und Sucht in jeglicher Ausdrucksform an, da man etwas zu beruhigen, zu übertönen sucht, was man in Wirklichkeit gar nicht kennt und mit dem Denken oder Wollen nicht in Griff bekommt. Eine innere Bewegung beginnt ohne bewußte Lenkung in sich selbst Kreise zu schlagen und unbewußte Triebe zu wecken, die nur eine künstlerische Schau einfangen oder die sich in einem Bereich der „Subkultur" ausleben könnte.

Mond- und Venusberg bilden den unteren Handraum, die tragende Grundlage, den natürlichen Boden, aus dem der Mensch zu seiner persönlichen Reifung und Bewußtwerdung emporsteigt. Über dieses persönliche Sein sagt das Bild des unteren Raumes noch nichts aus. Doch da die vorbewußten männlichen und weiblichen Triebkräfte die notwendige elementare Voraussetzung und Vorbedingung zur Gestaltung sind und Antriebe für den Einsatz innerseelischer Kräfte sein können, liegt in diesem unteren Handraum auch die Aussagemöglichkeit für die Tragfähigkeit und Verwurzelung des persönlichen Lebens.

Beide unteren Handberge breiten sich aus bis zur ersten fingierten Horizontalebene. Von hier aus nimmt der Marsbereich die Mitte der Hand ein (Abb. 2). Er ist das Ausdrucksfeld der Bewußtseinskräfte und der Gestaltung einer gegenständlichen Welt, mit der sich der Mensch auseinanderzusetzen, die er in eine gültige Form einzubringen hat. Die Kraft, die für diesen Einsatz zur Ver-

76

fügung steht, läßt sich aus dem Bild des Marsbereiches erkennen. Dieser Bereich ist unterschiedlich in seiner Ausweitung bis zur nächsten Horizontale hin, die an der Kopflinie beginnt.

Marsbereich

Auf der aktiven Seite der Hand liegt der sogenannte Kleine Marsberg oberhalb des Venusberges. In seinem Bild wird der an sich noch undifferenzierten Triebkraft, die dem reinen Instinkt der Lebensbehauptung und Arterhaltung dient, ein spezifisch männliches Element hinzugefügt. Vom Kleinen Marsberg aus drängen die Impulse in die Welt hinein. Er wird deshalb sinngemäß in der überlieferten Handsprache Palast des Blitzstrahles, Energie der (triebhaften) Liebe und Arbeit genannt.

Erhöht ist er Ausdruck der Angriffslust, die bereit ist zum männlichen Einsatz, zu kraftvollem Eingriff, zu Kameradschaft und Wettstreit. In seinem ursprünglichen Kampfwillen und aus einer natürlichen Sicherheit stellt sich der Mensch den Anforderungen des Lebens und der Welt.

Im Bild des überstarken Kleinen Marsberges wird das Gefühl der angeborenen bedenkenlosen Sicherheit übersteigert, und der vorhandene Kraftüberschuß wird leicht aggressiv, hemmungslos und unbedacht eingesetzt.

Der flache Marsberg dagegen zeigt einen Mangel an Impulsen an, so daß der Mensch sich leicht überfordert fühlt, im Lebenskampf ermüdet und resigniert oder zynisch wird.

Fülle oder Mangel des Krafteinsatzes aber müssen im Vergleich zu dem Großen Marsberg gewertet werden. Denn erst dieser zeigt das Maß an Einsatzbereitschaft und den Wagemut an, mit dem sich der Mensch der Wirklichkeit und ihren Forderungen stellen wird. Die zum Großen Marsberg auf der Du-Seite hindrängenden Triebkräfte und Impulse des kleinen Marsberges nehmen – bildhaft gesprochen – ihren Weg durch die Handmitte, jene Marsebene, die nach alter Tradition sinnvollerweise „Audienzsaal" genannt wird. In diesem „Saal" der Mitte treffen sich die Mächte, die von den verschiedenen Seiten zusammendrängen, um Befehle entgegenzunehmen oder selbst Forderungen zu stellen, sich abwärtsneigend oder aufwärtsstrebend.

Diese Marsebene, der Bereich der Mitte, sollte glatt und eben sein, so daß die vom kleinen Marsberg ausgehenden Antriebe ihren Fortgang ungestört zum großen Marsberg hin nehmen können. In manchen Händen aber liegt hier ein Loch, eine Vertiefung. Bleiben wir im Bild: Die Triebkräfte, die von der aktiven Seite her vorstoßen, können nicht gleichmäßig zur Du-Seite hinüberströmen, sondern fallen in einen Abgrund hinein, aus dem sie sich mühsam wieder heraufarbeiten müssen. Dies bedeutet im menschlichen Leben, daß ein Abgrund von Mühen und Schwierigkeiten überwunden werden muß, bis die eingesetzten Kräfte ihr Ziel erreichen und die Ich-Du-Auseinandersetzung geleistet ist.

Diese Mitte der Hand, die der Kreuzpunkt zwischen Kopf- und Schicksalslinie ist, zeigt gleichsam das persönliche Zentrum des Menschen an und ist Ausdrucksfeld seiner Entscheidungs- und Entschlußkraft, wie wir noch in einem anderen Zusammenhang sehen werden. Man könnte die Marsebene auch den Bereich der Erde nennen. In ihn ist der Mensch in seinem Sosein hineingestellt. In ihm müssen die Schwierigkeiten zwischen Subjekt und Objekt, zwischen der aktiv drängenden Ich-Welt und der vom Du geforderten Wirklichkeitsbezogenheit ausgetragen werden. Viele wirr durcheinanderlaufende Linien drücken hier Unruhe, Spannungen, Streitigkeiten aus, die innerer Unzufriedenheit entspringen.

Im Großen Marsberg, der den Mondberg nach oben fortsetzt, liegen die Aussagen über die dem Menschen von der Umwelt zur Verfügung gestellten Bedingungen und Formkräfte, die ihm den Stoff zur Bewährung, Bezeugung und Gestaltung liefern. Im Bild des erhöhten Berges sucht er solche Auseinandersetzungen; hier wird seine Kraft der Daseinsbehauptung von der Welt der Gegenstände und des Du her zum bewußten Einsatz herausgefordert. Dies bedeutet Selbstverteidigung, Wagemut, Geistesgegenwart und schnelle Reaktionsfähigkeit. „Rückenstark" setzt ein solcher Mensch seine passive Widerstandskraft gegen Angriffe der Umwelt ein. Zusammen mit einer im gut entwickelten Venusberg sich ausdrückenden Stoßkraft und Lebensfülle wird er über eine Entfaltungsweite verfügen, die Du und Umwelt in ihren Bann zwingt. Das Messen seiner Kräfte im Wettkampf und körperlicher Betätigung ist ihm lebensnotwendig.

Gut entwickelt entspricht der Große Marsberg einem Menschen, der seine Kräfte zügelt, sich zu beherrschen weiß und sich den Problemen des Lebens stellt. Am Widerstand der Welt findet er die eigene Form und richtet Grenzen auf, denen er sich selbst einordnet. Neben der Kraft zur Gestaltung und Ordnung sind Mut zur Entscheidung, Entschlußkraft, Wachsamkeit und Zähigkeit in einem entwickelten Großen Marsberg angelegt.

Übermäßig erhöht, ist dieser Berg Zeichen für Aggressionen, Trotz und Streitsucht. Auch eine gefährliche Grausamkeit kann sich in ihm ausdrücken. In seinem Bild zerstört der Mensch, ruft er in Wut und Aufruhr oder mit sadistischer Quälerei die dunklen Mächte der Vernichtung auf – und dies nicht nur in der eigenen Triebnatur, sondern auch in der Umwelt, die ihm willig zur Verfügung steht. Fühlt er sich beeinträchtigt im Kampf um sein Dasein, kennt er keine Grenzen und Überlegungen, die ihn daran hindern könnten, alle ihm verfügbaren Möglichkeiten der Selbstverteidigung einzusetzen.

Ist dagegen der Große Marsberg nicht entwickelt, so wird dies als belastender Mangel empfunden. Denn es fehlen die für jeden Einsatz notwendigen Umweltbedingungen. Auch mangelt es an Geistesgegenwart und Kaltblütigkeit, um auf Angriffe zu reagieren und sich mit der Welt auseinanderzusetzen oder notwendige Entscheidungen zu treffen. Ein solcher Mensch fügt sich Gewohnheiten und einförmigen Mechanismen, um der Problematik des Lebens auszuweichen.

Bei den Aussagen des Marsbereiches müssen Kleiner und Großer Marsberg, wie die zwischen beiden liegende Marsebene, zusammen betrachtet werden. Nur ein Beispiel: Ist der Kleine Marsberg, dem Großen gleich, wenig entwickelt, dann werden das Fehlen an Mut, das Ausweichen vor Entscheidungen und andere Eigenschaften der Marskraft weniger als Mangel empfunden. Bei schwachem Antrieb, der zu keinem intensiven Einsatz aufruft, werden Unterordnung unter eine gegebene Form und gefügiges Gehorchen naturgemäß sein.

In der Hand einer Frau (Abb. 13) ist der Große Marsberg aus-

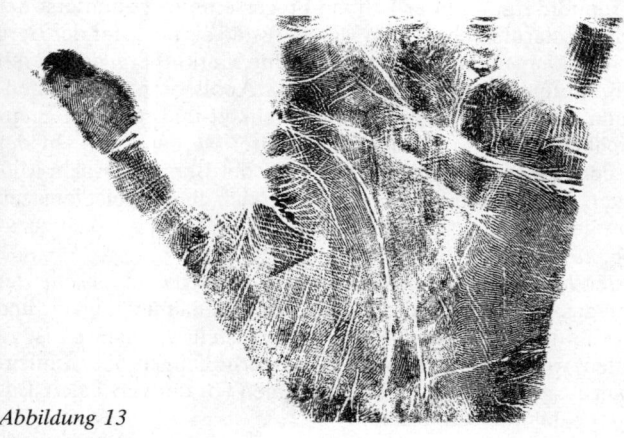

Abbildung 13

79

geprägt und – ein auffälliges Zeichen – kaum von Linien durchzogen. Nur Papillarwirbel kreisen in ihm als Ausdruck einer starken inneren Unruhe. Ein Spannungsherd liegt in dem entwickelten Großen Marsberg, der sich in einem Ausbruch von Wut und Aggressionen ganz plötzlich entladen wird.

Da der mittlere Teil der Hand am längsten ist, zeigt sich, daß eine Überbetonung des Großen Marsberges Gefahren für die Auseinandersetzungen mit der Welt bringen kann. Wird in diese Betrachtung noch der Verlauf der Lebenslinie einbezogen, der eng um den Daumenballen herumführt, dann hält diese Frau ihre Triebkraft in starkem Maße zurück, als wollte sie den Spannungen und Problemen des Lebens angstvoll ausweichen, um nicht in Konflikte zu geraten.

Der oberste Handteil beginnt an der fingierten zweiten Horizontalen (Abb. 1) und ist in dieser Hand sehr eng. Über diesen Bereich, in dem Herzlinie und Fingerberge die Hauptrolle spielen, ist bei der vertikalen Teilung zu sprechen, da sich in den Fingerwurzeln und ihren Erhöhungen das Emporstreben der Finger aufweist.

b) Der Mensch in seiner Entwicklung: Vertikale Teilung

In der vertikalen Teilung der Innenfläche (s. Abb. 2) liegen auf der Daumenseite zuunterst der Venusberg, darüber der Kleine Marsberg und zuoberst der an der Wurzel des Zeigefingers befindliche Jupiterberg. Auf der kleinen Fingerseite liegt zuunterst der Mondberg, darüber der Große Marsberg und als höchster der Berg unter dem kleinen Finger, der sogenannte Merkurberg, der oft mit dem Berg unter dem Ringfinger, dem ,,Apolloberg" zusammenfällt und auch, als Zeichen der Innerlichkeit und passiven Empfänglichkeit, mit ihm zusammen gedeutet werden kann. In der Mitte der oberen Handfläche erhebt sich der Berg unter dem Mittelfinger, der Saturnberg. Als Wurzelbereich dieses meist längsten und breitesten Fingers ist ihm eine besondere Gewichtigkeit zuzusprechen.

In der vertikalen Teilung drückt sich einerseits die Ichseite der Aktion aus, zum andern die Duseite der Aufnahmefähigkeit und der Forderungen, die an den Menschen gestellt werden. Es ist zu beachten, welche der Seiten durch Bergerhöhungen oder Linienfülle am ausgeprägtesten ist und ob Linien vor der vertikalen Teilung oder dahinter aufhören.

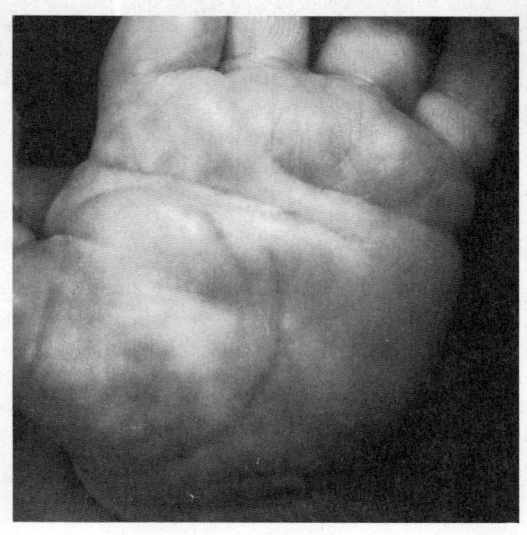

Abbildung 14

In der Hand der kleinen Gerda (Abb. 14), die $^3/_4$ Jahre alt ist und schon aussagevolle Zeichnungen in der Innenfläche aufweist, kreist die Linie des Daumenballens nach einer Unterbrechung in einer solchen Weite um den erhöhten Venusberg, daß sie einen Teil des Mondberges mitaufnimmt, und der Berg unter dem Zeigefinger ist übermäßig ausgedehnt und erhöht. Die Ichseite mit ihrer Triebkraft und ihrem Geltungswunsch nimmt einen großen Raum in der Hand ein. Auch der Kleine Marsberg oberhalb des Venusberges verstärkt die aktiven Impulse in dem betonten Ichraum. Im Gegensatz hierzu ist die passive Duseite im Mondberg weniger entwickelt. Im Großen Marsberg, der, bildhaft gesprochen, sich der Kopflinie bemächtigt, liegt eine offensichtliche Breite, die fast über den Handrand hinausquillt. Dies zeigt den Drang, sich mit der Welt auseinanderzusetzen, der von dem erhöhten Kleinen Marsberg unterstützt wird.

Die oberen Berge werden durch die Ausbreitung des Jupiterberges von der Herzlinie auf einen kleinen Raum zusammengedrängt. Sie sind von kleinen Linien durchzogen und lassen, da sie auf der Duseite liegen, mehr Unruhe als harmonische Empfangsbereitschaft erkennen.

81

Die Berge, die unter den Fingern einer Hand liegen, deuten auf die Entwicklung zur Reife und auf den inneren Werdegang, der zum Ausdruck bringt, was der Mensch im Geistigen ersehnt und wozu ihm das Potential an seelischer Innerlichkeit zur Verfügung steht. Bei der vertikalen Gliederung der Hand, die in der Aufwärtsbewegung den Bereich des Natürlichen und der bewußten Auseinandersetzung – den unteren und mittleren Raum – übersteigt, sind die Aussagen der Berge unter den Fingern von besonderer Bedeutung. Sind sie erhöht und nicht zu stark durch Linien verwirrt, ist der Mensch nicht nur vom Wunsch erfüllt, Sinn und Ziel seines Lebens zu erkennen, sondern er hat auch die Kraft, seinen Auftrag zu verwirklichen. Doch darf die Voraussetzung nicht fehlen, daß auch der vitale Bereich des Venusberges auf der aktiven Handseite der inneren Sehnsucht nach dem Geistigen Antriebsimpulse zur Verfügung stellt und der große Marsberg auf der Duseite des mittleren Raums den Drang zur Bewußtwerdung und Gestaltung zum Ausdruck bringt. Erst durch einen Standort und eine Verwurzelung im Erdhaften und durch die Verdichtung der geistigen Sehnsucht in einem gestaltenden Akt können die Ziele, dem die Finger zustreben, unterbaut und begründet werden. Fehlt die Stabilität und Kraft, die sich in dem unteren und mittleren Handraum ausdrücken, mangelt es an der Kraftfülle, die der seelischen Innerlichkeit im Bild der oberen Berge die Ausführung eines geistigen Auftrages ermöglicht.

In der vertikalen Teilung der Hand ist es deshalb von besonderer Wichtigkeit, die beiden Handseiten in der Bewegung nach oben zu betrachten. Diese Bewegung muß einen dynamischen Zug aufweisen, damit nicht die Ansätze zum Weg der Reife abschwächen oder ihr Fundament verlieren. Von den unteren Bergen empfangen die seelisch geistigen Antriebe ihre Triebkraft, während sie von den Fingern in ihrer Sinnrichtung angezogen werden. Darum muß, der vertikalen Bedeutung entsprechend, zugleich mit den Aussagen der oberen Berge auch die jeweilige Fingerdeutung miteinbezogen werden.

Der Jupiterberg

Auf der ichbetonten Seite liegt der Jupiterfinger, der selbständige Meisterung und Bewältigung der den Menschen umgebenden Welt ausdrückt. Seine Wurzel, der Jupiterberg, zeigt an, ob das hierzu notwendige seelische Vermögen – Autorität, Ich-Bewußtsein und Selbstgefühl – zur Verfügung steht.

Eine Überbetonung des Berges deutet auf ein übertriebenes Verlangen nach Erfolg und Macht wie auf ein selbstgerechtes Überschätzen der eigenen Autorität. Diese kann in Hochmut ausarten und mehr Scheinheiligkeit als echte Würde bedeuten.

Der Mangel an seelischer Fülle, der sich in einem unentwickelten Jupiterberg ausdrückt, gibt dem inneren Auftrag, Recht zu sprechen und zu ordnen, eine karge, ernüchternd kalte Note. Inneres Versagen durch mangelndes Selbstbewußtsein kann sich zur Würdelosigkeit erniedrigen.

Die Länge des Zeigefingers, wie auch der anderen Finger, läßt erkennen, ob die in den Bergen gesammelten innerseelischen Kräfte auch zur Auswirkung kommen.

Ist z.B. der Jupiterberg erhöht, der Zeigefinger dagegen kurz, dann ist es dem Menschen versagt, die vorhandenen Ich-Kräfte dem Außen zuzuführen. Dies kann eine qualvolle Sehnsucht nach Anerkennung in der Welt hervorrufen, die nie erfüllt wird. Oder die zusammengeballten Ich-Kräfte des Menschen richten sich in Neid und Groll – den Unfähigkeitsgefühlen entsprungen – gegen die Welt, die seine Vorstellungen vom Ich-Anspruch nicht erfüllt.

Das Gegenteil wäre ein langer Zeigefinger, dem der unentwickelte Wurzelberg keine seelischen Kräfte zur Verfügung stellt, um einem Ich-Anspruch zu genügen. Es fehlt einem solchen Menschen die Fähigkeit, sich in seiner erstrebten Stellung verantwortlich zu halten. Zutiefst ist er sich dieses Mangels auch bewußt, überdeckt ihn aber durch verstärkten Macht-Anspruch. Dies ruft einen Teufelskreis hervor zwischen Geltungsanspruch und Minderwertigkeitsgefühlen, der zu einem quälenden Zustand werden kann.

Der Saturnberg

Der Mittelfinger, der zwischen der aktiven Ich-Seite und der passiven, dem Du zugewandten Seite der Hand liegt, hat seinen Sinnbezug zum Objekt hin. In seinem Bild ist der Mensch nicht mehr vom Ich, sondern von der objektiven Leistung her bestimmt.

Der erhöhte Wurzelberg des Mittelfingers, der Saturnberg, zeigt Verantwortung, Pflichttreue, Zuverlässigkeit und den Wunsch nach Verwirklichung, die Geduld und Beständigkeit verlangt.

Übermäßig entwickelt läßt der Saturnberg erkennen, daß der Mensch zu stark an das im Stoff zu Verarbeitende gebunden ist. Die übermächtige Kraft der Konzentration und Verdichtung ballt sich zusammen, wenn sie sich nicht in einem Tun Luft machen kann, und führt zu einer inneren Überbelastung, die die Tatkraft lähmt, in Vorbereitungen stecken bleibt und in Mißtrauen und Vorsicht vor jeder Leistung im Außen zurückschreckt. Der Stoff scheint den Menschen zu erdrücken, die Verantwortung bedrängt ihn. Hieraus entstehen Schuldgefühle oder Hemmungen. Auch ein Zug zur Enthaltsamkeit und Einsamkeit liegt in der Überbetonung des Pflichtgefühls und Lebensernstes oder ein zu starkes Mißtrauen, das das Leben verbittert.

Dagegen läßt der flache Saturnberg die Kraft zur Sammlung vermissen. Dies kann Unzuverlässigkeit und mangelnde Verantwortlichkeit einer konkreten Situation und Aufgabe gegenüber bedeuten, auch Leichtsinn und Oberflächlichkeit, wenn der Mittelfinger keinen festen Stand einnimmt.

Ist der Mittelfinger kurz, so daß er Ring- und Zeigefinger kaum überragt, dann liegt die Dominanz des menschlichen Lebens nicht darin, die Welt und den anderen von objektiven Wertmaßstäben aus zu betrachten und das eigene Leben einem sachlich Gültigen zu unterstellen. Es wird auch ein Mangel an Ernst und eine Leichtfertigkeit, im wörtlichen Sinn, gegeben sein. Ist aber der Wurzelberg eines kurzen Saturnfingers erhöht, dann ist der Impuls gegeben, Leistungen und Verantwortung zu übernehmen, doch steht der Auftrag hierzu nicht im Vordergrund. So bleibt der Drang, einem Seinsollenden zu dienen oder an einer Sache mitzubauen, eine unerfüllbare Forderung und löst ein Gefühl innerer Bedrücktheit und quälender Belastung aus.

Ist der Mittelfinger lang, der Saturnberg dagegen flach, fehlt dem Menschen die seelische Tragkraft und die innere Resonanz, um die Verantwortung auf sich zu nehmen, die von ihm verlangt wird; er kann in seinen Leistungen unzuverlässig und gewissenlos werden.

Wie bei allen Fingerbergen ist auch für den Saturnberg die Erhöhung des Venusberges eine positive Unterstützung, da in diesem Fall die zur Erfüllung der Sachforderungen einzusetzenden Kräfte in natürlicher Fülle verwurzelt sind. Wichtig für die Beurteilung des Saturnberges ist auch die Linie, die vom unteren Raum zu ihm emporsteigt und ihm Kraft zuführt oder ihn belastet, die Schicksalslinie.

Der Apolloberg

Der Apolloberg liegt auf der passiven Du-Seite der Hand. Nicht das Ich noch das Werk steht hier im Vordergrund. Es geht vielmehr um die Innerlichkeit der Seele, die nach Selbstverwirklichung, nach Einswerdung mit sich selbst und mit dem Du verlangt.

Ist der Wurzelberg des Ringfingers, der Sonnen- oder Apolloberg, erhöht, bedeutet es, daß der seelische Kraftgehalt des Menschen auf diese Aufgabe hingeordnet ist. Die sich in der Innerlichkeit sammelnden Energien drängen auf Auswirkung und Verwirklichung im Selbst- und Du-Bezug. Der Mensch, der auf sein Innenleben gerichtet ist, hat die Sehnsucht, sich selbst in seinem persönlichen Lebenskampf und in seinem Bezogensein auf das Du ernst zu nehmen und ein seelisches Verhältnis zu allen Dingen zu gewinnen. Der Göttername Apollo oder die symbolische Bezeichnung Sonne treffen hier nur in dem Maße zu, wie es sich um Aussagen über Harmonie und künstlerische Fähigkeiten handelt.

Die im Apolloberg symbolisierte Eigenschaft ist das Sicheinfühlen und das seelische Erleben in der Bindung an ein geliebtes Du oder in einem Ergriffensein von Intuitionen und künstlerischer Schau. Menschen mit einem erhöhten Apolloberg sind voller Idealismus und sehnen sich nach Schönheit und Harmonie.

Bei einem übermäßig erhöhten Apolloberg verlangt die Seele ein zu starkes Maß an „Glück" und Du-Erfüllung. Dies bedeutet einen Hunger nach Anregungen, nach Gemeinschaft und seelischen Erlebnissen, der fast unstillbar ist und in eine gefährliche Gier ausarten kann oder eigene Wünsche auf einen anderen projiziert.

Der fehlende Apolloberg zeigt im Gegensatz hierzu einen Mangel an seelischer Innerlichkeit. Es fehlt die Tiefe eines Erlebens, das in andere Räume hinabreicht als in die rein vitalen der Sinnlichkeit und Daseinsbehauptung. Weder das Du noch die Welt werden von einer inneren Empfangsbereitschaft aufgenommen, noch wird der Weg zu ihnen gesucht. Innere Leere und die Dürftigkeit der Hingabemöglichkeit verstellen ihn. Zugleich aber leidet der Mensch an mangelndem „Glück" und unter der Lieblosigkeit der Umwelt.

Ein solches Gefühl kann, neben Neid und Ressentiment, auch entstehen, wenn der Ringfinger klein, der Apolloberg aber erhöht ist. Je stärker hierbei der Zeigefinger hervorragt, um so mehr rückt die Neigung zur Selbstbehauptung und Eigengeltung in den Vordergrund. Die geistige Aufgabe liegt dann nicht mehr in der Beseelung der Welt oder in der Hingabe an ein Du, sondern wird, trotz der vorhandenen seelischen Kraft zur Hingabe, vom Ich – der lange Zeigefinger – bestimmt. Die Welt wird dem Menschen kaum jemals das geben, was er in seiner Liebesbedürftigkeit von ihr verlangt oder erwartet. So drückt der erhöhte Apolloberg die seelischen Kräfte aus, die sich im Leiden des Herzens sammeln und nur die persönliche Kernung und Vertiefung ermöglichen, wenn der Mensch das Gefühl der Unterlegenheit und des Neides überwindet.

Ist der Ringfinger lang, der Apolloberg aber nicht entwickelt, besagt dies das Gegenteil: Bildempfänglichkeit und Hingabeverlangen sind dem Menschen zuteil geworden; seiner Seele aber fehlt das Vermögen, diese Kräfte herzuschenken. Die Quellen, die ein solches Verlangen speisen könnten, sind dürftig; dürftig auch echtes Hingabeverlangen und Tiefe der Empfänglichkeit. Oder es werden – wenn der Jupiterberg erhöht ist – nur solche seelischen Erlebnisse Bedeutung haben, die dem Selbstgefühl und der Ich-Behauptung dienen.

Zugleich mit dem Apolloberg muß auch der Mondberg betrachtet werden. Ist dieser erhöht, so wird die Schau der Seele durch die Bildempfänglichkeit des Unbewußten angeregt. Ein Glanz humorvollen Lächelns liegt über dem Leben eines solchen Menschen – aus urmütterlicher Weisheit geboren.

Der Merkurberg

Der kleine Finger liegt auf der äußersten Handseite, die das rein passive, das weiblich Empfangende ausdrückt. Der in diesem Finger sich darstellende Sinn erfüllt sich in einer vorwiegend aufnehmenden und vermittelnden Haltung.

Der Auftrag des Menschen im Sinnbild des kleinen Fingers ist die Kommunikation zwischen Oben und Unten in einer Bewegung, die über den Stoff hinausführt und ihn durchsichtig werden läßt. Dies gibt dem Geist das Flüchtige, Bewegliche, das in Wort und Begriff eingefangen wird.

Der Wurzelberg unter dem kleinen Finger, der Merkurberg, verkörpert die auf diesen Sinn gerichtete seelische Kraft, also das Vermögen des Menschen, den geistigen Auftrag der Vermittlung zu erfüllen. Er zeigt die Fähigkeit an, das stofflich Gebundene aufzulösen und zu durchdringen, es zu durchschauen und in seinen abstrakten, übersinnlichen Bezügen zu erkennen. Es ist die Fähigkeit zur Abstraktion. Im höchsten Fall bedeutet dies: Empfänger, Bote, Mittler der Transzendenz zu sein. In ihrer vitalen Funktion äußert sich diese Empfangsbereitschaft als aufnahmehungrige

Neugier oder Beweglichkeit. In höchster Vollendung erfüllt sie sich im Aufnehmen des Geistigen.

Ist der Merkurberg übermäßig entwickelt, dann besteht die Verlockung, die realen Bezüge und sozialen Zusammenhänge zu überspielen, was leicht zu Lüge, Täuschung und Betrug führen kann. Denn die vorhandene Anpassungsfähigkeit und Gewandtheit entleert und durchbricht auch Verpflichtungen dem Du gegenüber und läßt zweckhafte Interessen ohne Widerstand übergewichtig werden. Es besteht auch die Gefahr, daß der Mensch widerstandslos und ungeschickt vielfältigsten Einflüssen geöffnet ist.

Ist der Merkurberg flach, so fehlt das Verlangen nach einer geistigen Kommunikation, und die Kontaktfähigkeit ist erschwert. Der Seele fehlt das Vermögen, den Stoff auf das Überzeitliche hin durchsichtig werden zu lassen.

Ist bei einem wenig entwickelten Merkurberg der kleine Finger verhältnismäßig lang, so fehlen dem Menschen, der seinem Auftrag gemäß auf Mittlerschaft und Geistigkeit angelegt ist, hierzu Kraft und Verlangen. Dies mag ein Gefühl der Unzulänglichkeit und des ewigen Ungenügens hervorrufen, das ihn mit Unrast erfüllt und zur Flucht treibt, damit ihn der Anruf von Oben, für den er besonders bestimmt ist, nicht trifft.

Ist dagegen der kleine Finger besonders kurz, der Merkurberg aber entwickelt, so ist der Seele das Vermögen des Horchens, des Aufnehmens, der Mittlerschaft zuteil geworden; die Weisungen aber, sich in den Dienst des Geistes zu stellen, haben nicht genügend Gewicht und bleiben unverbindlich. Dies mag als Not und Bedürftigkeit schmerzhaft empfunden werden. Oder es steigen, wenn der Mondberg entwickelt ist, Bilder aus den Tiefen des Unbewußten auf und saugen das geistige Vermögen in eine nicht mehr verpflichtende Bilderwelt ab.

Das Verhältnis des Mondberges zum Merkurberg läßt das Gleichgewicht zwischen unbewußten und überbewußten Kräften erkennen.

Ist der Venusberg entwickelt, so wird der erhöhte Merkurberg natürliche Verwurzelung empfangen. Dies bedeutet, daß der Stoff die geistigen Tendenzen „erdet" und vor Illusionen und Entgrenzungen zurückhält.

Zur normalen Hand des Menschen gehören die vier Handberge unter den Fingern. Häufig aber sind sie verlagert (Abb. 15). Dies ergibt sich aus dem dynamischen Zusammenwirken der Kräfte, die im menschlichen Leben in ständigem Austausch oder in Spannung zueinander stehen.

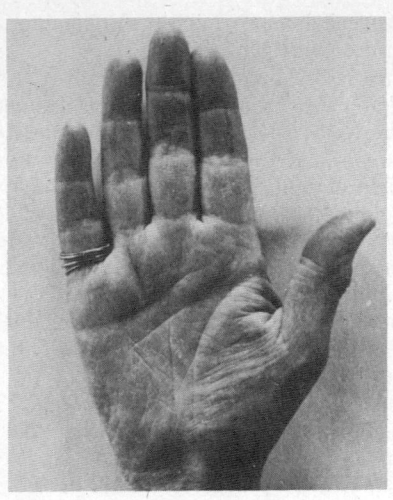

Abbildung 15

Meist zieht der Merkurberg den Apolloberg zu sich im Verlangen, das Flüchtige zu halten und die Kontakte einzubinden.

Bei den Aussagen des Merkurbergs ist besonders achtzugeben, ob er in einer materiellen Hand entwickelt ist. Hier kann er durch seine Gewandheit und die Möglichkeit der Vermittlung kaufmännische Fähigkeiten, Organisationstalent, Sprachbegabung und schnelle Auffassungsgabe aufzeigen. Diese aber werden vorwiegend für eigene Interessen eingesetzt, was nicht immer auf geraden Wegen geschieht.

Bei der Betrachtung dieses Berges ist deshalb eine Linie von Wichtigkeit, die von ihm aus in die Hand hineinführt und Merkurlinie genannt wird. Sie gehört zu den Nebenlinien, die nicht näher besprochen werden sollen. Doch ihre diagonale Richtung weist auf eine Sonderstellung hin. Dionysios Areopagita schreibt von der Diagonalen, sie sei ,,der Inbegriff der Vermählung von Hoch und Tief, eine Bewegung, die das Gute und Schöne der höchsten Welt in der niederen zur Ausbildung und Entfaltung bringt". Und nach alter Tradition heißt die Merkurlinie auch: Segen – der Gruß des Herrn" (Abb. 4).

Im Bild dieser Linie ist der Mensch gleichsam auf dem Weg von oben nach unten, um die Aufnahmefähigkeit für geistige Erfahrungen im vitalen Leben zu verwurzeln oder – im negativen

Fall – mit List und Gewandtheit die Weltordnung zu unterwandern.

Die Aussagen des Merkurbergs und der Merkurlinie richten sich nach dem inneren Niveau des Menschen, da diese – im Hinblick auf ihren Ausgangspunkt auf der ganz passiven Seite der Hand – nur vermittelnde Funktionen und keine eigene Stabilität besitzen.

c) Persönliche Erlebnisweise:
Die Linien

Je feinfühliger der Mensch auf unbewußte Einflüsse oder bewußte Eindrücke reagiert, je lebendiger seine Impulse, Gedanken und Gefühle sind, je stärker er sich mit seiner Umwelt beschäftigt und Anregungen verarbeitet, um so linienreicher und ausdrucksvoller ist seine Hand.

Denn die Linien in der Innenfläche der Hand entstehen nicht durch körperliche Arbeit, wie oft fälschlich angenommen wird. Gerade in Händen von Handwerkern oder Arbeitern sind oft nur wenige Linien zu finden, während eine körperlich keineswegs beanspruchte Frau ein wirres Handbild aufzeigen kann.

Ist der Mensch unruhig, nervös, oder springt er von einem Gegenstand zu einem anderen über, fängt er vieles an und führt nur wenig zu Ende, dann zeigt die Innenfläche ein unruhiges, quer durcheinanderlaufendes Liniennetz.

Eine linienarme Hand finden wir meist bei primitiven und geistig weniger interessierten Menschen. Aber auch ein stark konzentrierter oder von einer Idee ganz erfüllter Mensch kann ein ruhiges und klares Handbild haben. Die Nebenlinien fehlen, denn alles Überflüssige ist aus seinem Leben ausgeschaltet, alle unwesentlichen Gedanken und Gefühle berühren ihn nicht mehr.

Harmonie und Ausgeglichenheit lassen sich aus wenigen Linien nicht ablesen, weil nicht ein Mangel an innerer Anteilnahme die seelische Ausgewogenheit bezeugt, sondern der Einklang mit dem inneren Wesen, den keine stoffliche Begrenzung mehr erfaßt und der nicht in einem leiblichen Ausdrucksfeld erscheint.

Doch bleiben wir im Bild der Hand, das heißt im Rahmen ihrer Aussagemöglichkeit. Wir können die Hauptlinien mit Flüssen vergleichen, die von einer Quelle am Berg aufbrechen und in das Tal herabfließen, die Nebenflüsse empfangen, Hindernisse überwinden, in ihren Mündungen auseinandergehen. Wie beim Fluß ist

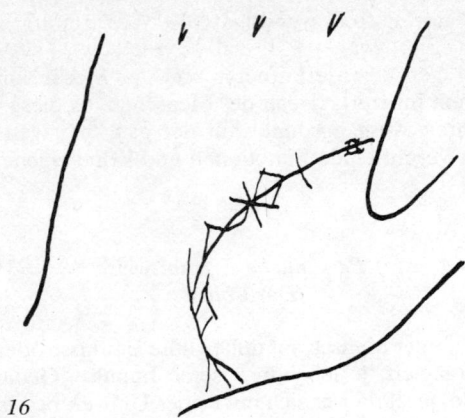

Abbildung 16

auch für die Hand die Stärke und Art der Strömung wichtig und der Einfluß des Gebietes, aus dem sie gespeist werden (Abb. 16).

Schon der Beginn einer Linie kann aus verschiedenen Quellen gebildet sein, so wie sie ihr Ende in mehrere Arme verteilen kann. Dies bringt Bewegung in den Lauf des Stromes und nimmt ihm seine Einförmigkeit. Nur wenn sich zu viele kleine Zweigflüsse am Ende vom großen Strom ablösen – die feinen Haarstriche –, verliert er an ursprünglicher Kraft.

Dem klaren, ungehinderten Flußstrom gleicht die ungebrochene zügige Linie. Weiche runde Bewegungen zeigen harmonischen Verlauf, Ecken und harte Winkel werden von Widerständen hervorgerufen und erzeugen Gegendruck und verstärkte Willensanstrengung. Wächst eine Linie aus einer anderen heraus, ist dies positiver zu bewerten, als wenn sie von ihr angehalten wird. Gebrochene Linien verlieren an Kraft, wellenförmiger Verlauf läßt auf Unstetigkeit und Schwankungen schließen, während jeder Parallelstrom eine Verstärkung bedeutet. Ein Kreuz, ein Punkt, eine kleine Insel im Linienfluß ist Zeichen von Hemmung und Stauung. Diese sind zu Beginn eines Flusses schwerer zu überwinden als an seinem Ende, an dem die Ablagerungen zu seinem Bild gehören. Das Bild einer großen Insel ist das Kreisen um Probleme oder Ereignisse, aus dem ein Ausweg gesucht werden muß.

Die Zeichen in der Linie sind mit Strudeln, Nebenflüssen, mit Ablagerungen und Versumpfungen des Flusses zu vergleichen. Beim Flußwirbel verfängt sich der natürliche Strom an einer bestimmten Stelle, das Wasser bohrt sich, wie der Punkt auf einer

Linie, in ein Gebiet ein, dem es Schaden zufügt. Ausstrahlungen dieser Schädigungen führen zu Kreuz- und Sternbildungen. In den sternförmigen Erweiterungen liegt oft eine harmonische Ausstrahlung und Befruchtung, während das Kreuz ein Spannungsverhältnis und entgegengesetzte Strömungen erkennen läßt. Inseln, die sich im Hauptlauf des Stromes bilden, zeigen Ablagerungsstoffe, die sich langsam anhäufen. So sammeln sich auch im Menschen Müdigkeitsstoffe, Probleme, Schwierigkeiten an, die seine Widerstandskraft erlahmen lassen.

Im Gegensatz hierzu wirken die kleinen Seitenlinien oder Äste in der Hand ebenso auflockernd wie die Nebenflüsse und Bäche, die das Gesamtbild des Flusses beleben. Sie tauchen hier und dort auf und versiegen zu anderen Zeiten wieder. Stoßen solche Äste nicht zu einer Hauptlinie durch, so daß eine leere Stelle zwischen beiden bleibt, entsprechen sie einem wesentlich im Unbewußten ablaufenden Vorgang, den der Mensch noch nicht in sein bewußtes Denken und in seine Willenshandlungen einbezogen hat. Dies ist jenen kleinen Bächen zu vergleichen, die langsam versickern.

Vereinigen sich aber die Nebenlinien mit dem Hauptfluß, empfängt er einen Kraftzuschuß, wenn sie in seiner Flußrichtung liegen. Dies bedeutet eine Verbesserung der von der Hauptlinie umschlossenen Seelenlage, deren Wirkung so lange andauert, als die Verbindung des Astes mit der Hauptlinie besteht. Verlaufen diese Nebenarme in der Gegenrichtung des Hauptstromes – oft abfallende Äste –, zeigen sie einen Verlust des Gefälles an. Dies bedeutet eine Enttäuschung, eine ungünstige Erfahrung, ein langsames Abnehmen des Kraftstromes, das jenen Zeitraum einnimmt, den die Länge des fallenden Astes im Bereich der Hauptlinie ausmacht. Hier und dort brechen von beiden Seiten Bäche oder kleine Flüsse in den Hauptstrom ein, die in ihrer Richtung gegeneinander drängen, senkrecht zur Stromrichtung stehen und für den Augenblick ihres Einmündens den Fluß abzuriegeln scheinen: die sogenannten Querstriche. Sie sind Zeichen von Hemmungen und Hindernissen, die durch Gegenströmungen eine momentane Lähmung, ein Untätigsein hervorrufen, bis sich der Fluß weiter fortsetzen kann. Ein wirres Gefüge von solchen Querstrichen bildet ein Netzgeflecht, das dem Sumpfcharakter einer Landschaft entspricht, in dem sich der Hauptstrom verliert. Wie der Mensch, der des Nachts durch eine Sumpflandschaft geht und von Irrlichtern immer tiefer in den Morast getrieben wird, so verliert er, im Bild des Gitters, durch das Hin und Her von Wirrnissen und Irrungen seinen Weg.

Je klarer der Fluß verläuft, je weiter er seine Arme in das Land ausstreckt und die verschiedensten Gebiete ungehindert mit seinen Wassern speist, um so nützlicher wird er dem Menschen. Das ist die Forderung nach der klaren Zeichnung einer Linie, die ohne Hemmungen und Unterbrechungen verläuft. Alle Bruchstellen sind Zeichen, daß der Boden für den Weiterstrom nicht mehr geeignet ist. So verschwindet der Fluß in tiefere, undurchlässige Bodenschichten und taucht erst in weiten Entfernungen wieder auf, oder er wird in ein neues Strombett umgeleitet, wenn der Neubeginn neben der abgebrochenen Stelle liegt. Auch können kleine Zwischenlinien die Bruchstellen überbrücken, Kanälen gleich, die zwei Flüsse miteinander verbinden.

Wenn durch das Netz der Verbindungslinien geometrische Figuren entstehen, so ist zu unterscheiden, ob diese regelmäßig und klar gezeichnet sind oder nicht. Verworrene, unregelmäßige Figuren sind von negativer Bedeutung, während klargezeichnete Vier- und Dreiecke günstig zu bewerten sind.

Das Viereck zeigt ein Gleichgewicht an Kräften an und ist Ausdruck eines inneren oder äußeren Schutzes. Denn in seinem Bild ist der Mensch abgeschirmt von Einflüssen, die sein Leben beschweren. Eine vorwärtsdrängende Dynamik wird in breitere Bahnen geleitet oder eine drohende Unruhe allmählich ausgeschaltet. So wird auch ein reißender Fluß in die Begrenzung eines Wasserbeckens hineingeleitet, in dem er zur Ruhe kommt. Manchmal kann das Viereck auch negative Bedeutung haben. Dann nämlich, wenn positive Auswirkungen, etwa am Ende einer gutgeschwungenen Herzlinie, eingedämmt werden.

Während das Quadrat mehr statischer Natur ist, liegt im Bild des Dreiecks die Einheit in der Bewegung, die zwei entgegengesetzte Richtungen oder Strömungen zu einem Ziel hinführt.

So fließen die Wasser durch die Landschaft, sinken und steigen, entstehen und vergehen. Ihrem Bild gleich durchziehen die Linien die Hand, strömen aus Unergründlichkeiten in die Sichtbarkeit der Erscheinung, vergehen wieder in die Unerkennbarkeit und zeichnen in der kurzen Spanne zwischen Geburt und Tod die Geschichte des Menschen – jenes Menschen, der mit seinen Anlagen und Eigenschaften, mit seinen Möglichkeiten und Schwächen in die Welt tritt, um dort eine Aufgabe zu erfüllen, die ihm vorgegeben ist und die zu erkennen Sinn und Bedeutung seines Lebens ist.

Beim Aufzeigen der Linien wollen wir uns auf die drei großen: Lebens-, Kopf- und Herzlinie beschränken und im Bereich der Schicksalsaussagen noch die Schicksalslinie hinzufügen.

Die Lebenslinie

Die Lebenslinie verläuft im unteren Handbereich. Sie beginnt zwischen Daumen und Zeigefinger und umgrenzt den Daumenballen, den Raum der Vitalität und Triebhaftigkeit, in einem Halbkreis ausschwingend, bis zum Handgelenk hin. Die ganze Ichseite wird von dieser Linie eingeschlossen. In ihr drücken sich die Triebe aus, die sich auf Lebenserhaltung und Daseinsbehauptung beziehen. Sie umfaßt das natürliche Kraftfeld eines Menschen, der noch in ungezügelter Gefühlserregtheit nach Befriedigung der Sinne verlangt.

Der Ursprungsort der Lebenslinie fällt zusammen mit dem Ausgangspunkt der Kopflinie, die horizontal die Handfläche durchzieht zum Ausdrucksfeld der dem Menschen von innen und außen begegnenden Welt. Ein kurzes Zusammengehen beider Linien ist Zeichen sicherer und überlegter Lebensreaktionen, die sich auch mit den Forderungen der Welt auseinandersetzen.

Sind Lebens- und Kopflinie länger als bis zur Mitte des Zeigefingers verbunden, können sich die Triebe nicht unmittelbar ausdrücken, sondern werden von Überlegungen gehemmt. Dies kann den Antrieb der Impulse erschweren, ängstliches Zögern verursachen und Minderwertigkeitsgefühle hervorrufen, die Selbstvertrauen und Entschlußkraft lähmen.

Im Gegensatz zu solcher Verschmelzung läßt ein weit getrennter Beginn der beiden Linien erkennen, daß Triebmächtigkeit und bewußter Gestaltungswille nicht zusammengehen. Wohl wird ein solcher Mensch entschlußfreudig und einsatzbereit sein, aber auch sorglos, übereilt und ungehemmt sein Triebverlangen ausleben und wenig Rücksicht auf andere nehmen.

Wichtig ist vor allem die Zeichnung des Anfangs der Lebenslinie, da sich hier Kindheit und Jugend ausprägen. Ist er verwirrt und gekettet, so belasten frühe Erlebnisse den Menschen und ziehen Kräfte aus dem vitalen Bereich ab.

Das Maß an vorhandener Lebens- und Sinneskraft ist aus Schwung und Zeichnung der Linie zu erkennen. Ist sie zart gezeichnet, läßt sie auf schwache Vitalität schließen, die sich nicht zu sehr verausgaben darf, während die breite Linie eine gesunde und starke Triebkraft erkennen läßt. Je tiefer sie in die Hand einschneidet, um so anhaltender und ausdauernder ist die Dynamik des Lebens. Eine nur oberflächlich gezeichnete Linie dagegen ist Bild schnell erlahmender Antriebe.

Die Lebenslinie kann sich in ihrem Verlauf ändern, so daß in ihrem Bild Zeiten von starker Vitalität mit denen einer geschwächten Gesundheit abwechseln. Auch ist der Bogen, den sie um den Handballen schlägt, nicht immer gleich geschwungen. Im normalen Verlauf dringt er in die Handmitte ein als Zeichen, daß das triebhafte vitale Drängen seine Lebensbehauptung in der Welt sucht und ihr gegenüber unmittelbar äußert. Noch nicht an das persönliche Entscheiden oder Gestalten gebunden, greift die Triebhaftigkeit so weit wie möglich in den Raum der Welt hinaus, um der Lebenserhaltung das ihr Notwendige zuzuführen und sich ungehemmt zu entfalten. Reicht aber der Halbkreis in einem übermäßig ausladenden Bogen weit über die Mittelachse der Hand hinaus, dann überschreiten die Triebkräfte das ihnen zugehörende und ihrer Entfaltung gemäße Gebiet. So begegnen sie Anforderungen oder Gegenkräften der Umwelt, die sie in ihre Schranken zurückweisen oder ihnen eine Abwehr entgegenstellen. Solche Menschen werden die Welt und das Du schon von ihrer natürlichen Anlage aus herausfordern. Denn der eigene Raum wird ihnen zu eng und beschränkt sein.

Handelt es sich hierbei um eine Hand, deren Venusberg entwickelt ist, wird dieses Hinausgreifen der naturhaften Triebimpulse mit großem Schwung und natürlichem Selbstvertrauen geschehen. Bei einem schwachen Venusberg aber wird der Ausgriff in die Welt das Maß an vorhandener Lebenskraft übersteigen und starke Erschöpfung verursachen.

Verläuft die Lebenslinie, einen engen Halbkreis bildend, nahe dem Daumen, wird auch dies Zeichen von Ermüdung und vitaler Schwäche sein. Doch ein solcher Zustand der Erschöpfung entspringt einer mangelnden Kraft zur Daseinsbehauptung, einer natürlichen Unsicherheit, die den Ausgriff in die Welt nicht zu unternehmen wagt. So ist zu beobachten, ob der Berg nicht genügend Kräfte besitzt, um eine Linie zu speisen, oder ob ein zu großer Raum vorhanden ist, der mit Energien erfüllt werden soll. Ersteres ist immer Ausdruck eines Mangels an Kraftfülle, letzteres eines zu großen Anspruches, der in diesem unteren Handraum ein übertriebenes Ausmaß an Lebenserhaltung fordert. Da die Befriedigung eines Triebes Lustgefühle auslöst, werden sich diese in einer weitgeschwungenen Lebenslinie äußern, die einen guten Venusberg umkreist. Unlustgefühle aber werden hervorgerufen, wenn ein Trieb, der sich in dem entwickelten Venusberg ausdrückt, nicht befriedigt wird, weil er durch eine zum Daumenballen hingedrängte Lebenslinie keine Möglichkeit des Auslebens findet. Ist aber der Venusberg schwach, die Lebenslinie dagegen stark gezeichnet, dann wird selbst der geringste Antrieb ausgeführt.

Die Bewegung, die sich im Kreislauf der Linie ausdrückt, entspricht der natürlichen Dynamik des Menschen. Wie sie im Bild der Hand zu Ende geführt wird, so endet sein vitales Dasein. Je weniger Schwung die Lebenslinie aufzeigt, um so weniger verträglich und verbindlich ist auch die natürliche Lebensweise des Menschen, um so mehr Härten und Aggressionen werden die Triebe herausfordern. Dies ist vor allem in der weiblichen Hand ein negatives Zeichen. Es mag sich hierin auch eine angeborene Triebhemmung ausdrücken, die dem freien Lebenslauf schon anlagemäßig Grenzen setzt.

Von Natur aus geht das einzelne kleine Geschöpf im Tode wieder ein in die große Natur. Je klarer und vollkommener die Lebenslinie am Ende den Venusberg umschließt, um so organischer und harmonischer wird sich das Lebensende gestalten. Der altgewordene Mensch kehrt in die naturhafte Geborgenheit zurück. Die Wurzelkraft des Lebens, die vorbewußte Natur, nimmt ihn wieder auf. Dies bedeutet zugleich, daß die natürliche Grundlage die tragende Kraft seines Lebens war und dieses Halt und Geborgenheit in echter Verwurzelung enthielt. Was immer auch dem Menschen an Schwerem und Leidvollem begegnete, er ist nicht aus der Umfassung einer großen Natur herausgefallen.

Auch im Bild einer Lebenslinie, die den Daumenballen nicht umkreist, sondern senkrecht in den unteren Handraum einmündet, fließt das Leben wieder in die Wurzelkraft der großen Natur ein, nur mit dem einen Unterschied: diese Kraft wird nicht als tragender Ursprung unmittelbar erfahren, sondern muß in einer neuen Weise zurückgewonnen werden.

Dies bedeutet, daß der alternde Mensch Wurzel zu schlagen sucht in der Geborgenheit der Natur, im Schoß der heimatlichen Erde oder im Schutz eines Menschen. Wird einem so veranlagten Menschen das Schicksal der Heimatlosigkeit zuteil, erträgt er es nur in Mühsal.

Schwerer wird sich jener verwurzeln, dessen Lebenslinie in den Mondberg hinabsinkt. Wohl bedeutet solche Endung ein Geschehenlassen, ein Einmünden in die Welt der Träume, der beschaulichen Bilder oder das Erwachen der Erinnerung an eine immer gegenwärtige Vergangenheit, doch meist wird ein solcher Mensch, ehe er bereit ist, sich fallenzulassen, vom unbewußten Sog der Traumwelt erfaßt, entwurzelt und aus seiner Ich-Mitte fortgezogen.

Löst sich nur ein Zweig am Ende der Lebenslinie ab, um in den Mondberg herabzufallen, bedeutet dies einen harmonischen Ausgleich zwischen Selbstbehauptung und Sichgehenlassen, zwischen Leben und Traum, ein natürliches und organisches Bereitwerden zum Sterben. Doch wenn der Ast zum Mondberg hin stärker betont ist als die Lebenslinie, wird – vor allem in einer weichen Hand – der Sog der Traumwelt keine Gegenkraft im natürlichen Leben finden. So werden unberechenbare Launen, Zerstreutheit und niederdrückende Stimmungen ausgelöst. Bei allen Aussagen aber ist die ganze Beschaffenheit der Hand einzubeziehen. Die Trägheit einer weichen Hand verstärkt den Einfluß unbewußter Wunschträume, die alle Stoßkräfte auffangen.

Die Endung der Lebenslinie entspricht oftmals ihrem Beginn: wie der Mensch naturhaft in die Welt hinaustritt, geht er auch wieder ein in die vorbewußte Natur. Im Keim der Jugend liegt schon das Zukünftige eingeschlossen, und was sich den Spuren des Alters eingeprägt hat, ist – wenn Denken und Wollen verblassen – zustärkst von Jugenderfahrungen erfüllt. Man könnte auch sagen, daß sich der Bogen der Lebenslinie im Kreislauf des physischen Werdens und Vergehens schließt, Anfang und Ende miteinander verbindend im Wiederkehr des immer Gleichen.

Was der Mensch erlebt, erkämpft, durchlitten, was er erworben, worin er versagt und Not gelitten hat, wird sich nur insoweit in seine Lebenslinie eingraben, wie es Einfluß auf sein natürliches Sein nahm. Oft haben sich die Erfahrungen nur in das Denken oder Fühlen eingeprägt, nicht aber in die Lebenssubstanz, die sich im Bild der Lebenslinie ausdrückt.

Ist die Lebenslinie in ihrem Verlauf unterbrochen, ist dies ein Zeichen, daß Einflüsse und Einbrüche aus der Welt in das Triebleben eindringen und Kräfte aus der elementaren Natursphäre, die Dämme der natürlichen Begrenzung durchstoßend, Spannungen in der Umwelt auslösen. Jeder Bruch ist Zeichen eines Ausbruchs oder Durchbruchs, der nicht ohne Gefahr ist und nur aus anderen als natürlichen Kräften zu überwinden ist.

Es trifft aber nicht zu, daß die gebrochene Lebenslinie, wie oft befürchtet wird, Zeichen eines plötzlichen Todes ist. In ihrem Bild wird vielmehr eine Umstellung verlangt, da der Mensch zu dieser Zeit durchlässig ist und sein natürliches Leben offen und bereit ist, die Schleusen zu öffnen, um die eigene Dynamik herausströmen zu lassen und Einflüsse der Welt aufzunehmen. In solchen Zeiten lebt der Mensch nicht mehr aus seiner physischen Vitalität, sondern aus seiner geistigen und seelischen Kraft. Fehlt diese, weil sein Verhalten materiell und triebhaft ist, dann erkaltet oder stirbt ein Kräftestrom in ihm – ausgedrückt in der gebrochenen Lebenslinie –, und er muß dem Leben einen Inhalt geben, der das Triebgebundene und sein Naturhaftes übersteigt.

Übernimmt beim plötzlichen Abbruch der Lebenslinie, seitwärts verschoben, eine neue Linie den weiteren Verlauf, dann bedeutet dies, daß sich der Mensch in seiner natürlichen Lebensveranlagung umstellt. Geschieht diese Verschiebung zum Daumenballen hin, wird sich der Lebenswille begrenzen. Im anderen Fall, wenn die neu anfangende Linie einen weiteren Bogen spannt, wird eine neue Fülle in das Dasein hineingenommen.

Aber auch wenn die Lebenslinie in der Mitte der Hand abbricht und keine Hilfslinie ihren Weg fortsetzt, ist dies nicht als Todeszeichen zu bewerten. Der Tod ist in der Hand nicht abzulesen. Seine Stunde ruht im Geheimnis und bleibt dem Menschen verborgen. Es wird im Leben manchen Augenblick geben, in dem der Mensch erschöpft ist und sein Lebenswille erlahmt, was sich in der Lebenslinie durch kleine Unterbrechungen, durch abfallende Zweige oder andere Zeichen äußert. Wann aber die unwiderruflich letzte Stunde eintritt, wird kein Zeichen der Hand offenbaren.

Die Kopflinie

Während die Lebenslinie die innere Bestimmung zeigt, das Leben in der Spanne zwischen Geburt und Tod zu erhalten und zu behaupten, und sie in ihrer Endung am unteren Daumenballen wieder in die vorbewußte kosmische Natur einfließt, drückt sich im Bild der Kopflinie die Auseinandersetzung zwischen Ich und Welt aus, die zur Bildung des eigenständigen Wesens führt.

Diese Linie ist die unterste natürliche Horizontale, die die Hand von der Daumenseite aus durchzieht. Sie ist Symbol der menschlichen Bestimmung, die Bewußtwerdung und Gestaltung des Lebens verlangt. Deshalb heißt sie nach alter Tradition „Linie des Menschen", während die Lebenslinie die „Linie der Erde" genannt wird und die Herzlinie die Bezeichnung „Linie des Himmels" erhielt, da sie das Überschreiten des Natürlich-Menschlichen zum Ausdruck bringt.

Es ist beobachtet worden, daß die Lebenslinie sich als erste ausprägt. Sie ist schon bei 25 bis 33 mm großen Embryos bemerkbar. Dann zeichnet sich – bei etwa 40 mm großen Embryos – die Herzlinie ein, während als letzte dieser drei Linien die Kopflinie erst bei 60 bis 70 mm großen Embryos erkennbar wird. Diese Linie setzt die längste Entwicklung voraus. Nicht das Irdische, auch nicht das Himmlische ist das dem Menschen gemäße, sondern die Verbindung von beiden, die sich in seinem Wesen vollzieht und den Weg zu seiner Entwicklung und Reifung ermöglicht.

In ihrer waagerechten Zeichnung ist die Kopflinie Sinnbild des eigenständigen Selbstes, das seinen Halt im Rationalen hat und in der Begegnung mit der Welt fruchtbaren Austausch und Formgebung empfängt. Sie umschließt keinen eigenen Bereich, sondern trennt das Unten vom Oben, während sie Ich und Welt miteinander verbindet. Sie ist die große Scheide zwischen den im Unbewußten verharrenden und ins Bewußtsein tretenden Kräften und vermittelt zugleich den Austausch zwischen dem aktiven Drängen und dem passiven Empfangen, zwischen männlichem Zugriff und weiblichem Ergriffenwerden, zwischen dem Eigenstand und dem Gegenüber, das Gegenständliche verständlich machend. Bildhaft wird durch sie die Denkfähigkeit charakterisiert, die Erfahrung, Anwendung, Deutung und Herstellung von Beziehungen und Sinnzusammenhängen ermöglicht, die scheiden und zugleich entscheiden muß. Im Trennen und Unterscheiden gewinnt der Mensch seine Freiheit und Lebensform, wird er erst eigentlich seines Menschseins in einer ganz persönlichen Weise bewußt. Indem sich der Mensch in dieser Art auf die Welt zubewegt, sich mit ihr auseinandersetzt und sich zugleich von ihr abhebt, gewinnt er seine eigene Form, die aus dem Eingebundensein in noch vorbewußte, naturhafte Handlungsweisen zu einer persönlichen Stellungnahme führt.

Liegt die Kopflinie tief in der Hand, ist sie Zeichen, daß der Mensch mit seinen rationalen Erwägungen und seinem Gestaltungswillen in die Triebsphäre eindringt und damit den natürlichen Fluß des Lebens schon frühzeitig in Ordnungen einzufügen sucht.

Ist dagegen die Kopflinie hoch eingezeichnet, so daß sie den Raum der Triebhaftigkeit und Lebensbehauptung übertrieben vergrößert, dann ist die rationale Gestaltung des Lebens und die Einordnung der natürlichen Instinkte in eine klare Zielsetzung erschwert. Auf der anderen Seite wird ein solcher Mensch seine Verstandeskräfte und seine denkerischen Leistungen mit triebhafter Daseinsbehauptung und mit Lusttrieben erfüllen.

Die Kopflinie beginnt wie die Lebenslinie im Daumenballen und läuft in horizontaler Richtung auf das Ausdrucksfeld der dem Menschen von innen und außen begegnenden Welt zu. Im Daumenwinkel, dem aktiven Ich-Bereich des kleinen Marsberges, entspringen die Triebimpulse, die Grundlage und Voraussetzung sind für die Wahrnehmung, Gestaltung und bewußte Erfahrung der Welt.

Die vitale Energie drängt im Bild der Kopflinie zur Bewußtwerdung. Ihr Anfang sollte ein kurzes Stück mit der Lebenslinie verbunden sein als Zeichen, daß sich diese bewußte Gestaltung des Lebens mit natürlichem Selbstvertrauen und vitaler Antriebskraft durchsetzen kann.

Der Beginn der Kopflinie kann auch innerhalb der Lebenslinie liegen, ein Zeichen triebhafter Belastung, die auf Unbeständigkeit, Wankelmut, Unruhe und Mangel an disziplinierter Gestaltungskraft schließen läßt. Das bewußte zielgerichtete Denken ist mit triebhaften Instinkten und ungeordneten Impulsen belastet. Hier kann auch ein Haften an der Vergangenheit, ein sentimentales Zurückfallen in Jugenderinnerungen zum Ausdruck kommen.

Der Verlauf der Kopflinie sollte ein wenig abwärts geneigt und nicht zu hart und gerade sein. In diesem Fall besteht ein rechtes Verhältnis in der Begegnung von Ich und Welt, von aktiven und passiven Kräften, von triebhaften und in der Auseinandersetzung sich gestaltenden Energien, die die unbewußte Bildwelt einbeziehen und die Anregungen der Phantasie verarbeiten. Der leicht abwärts geneigte Verlauf der Kopflinie kennzeichnet das Ich, das auf die Welt zugeht, ohne sie zu überrennen oder rational zu vergewaltigen, und andererseits die Welt zuläßt, ohne sie ganz abzuwehren.

Begriffliches Festlegen und schauendes Hinnehmen, rationale Selbständigkeit und die Bereitschaft, sich bestimmen zu lassen, ichbetontes, drängendes Wollen und sachlich gültige Zielsetzung sind harmonisch aufeinander bezogen.

In mancherlei Weise aber kann der Mensch im Bild der Kopflinie von solchem Ausgleich abweichen. So kann sie zu gerade und unbewegt verlaufen, was nüchterne Erwägung, kalte Sachlichkeit, auch eine klare und gespannte Haltung gegenüber den Forderungen der Umwelt ausdrückt.

Liegt das Ende solcher Kopflinie im gutentwickelten Marsberg, zeigt dies vernünftige klare Überlegung und Schlagfertigkeit, Selbstbeherrschung und Kaltblütigkeit an. Durch den Widerstand und die Forderungen, denen die Triebkräfte in der Auseinandersetzung mit der Welt begegnen, werden diese gestaltet, gebunden und einem bewußten, für das Leben notwendigen Einsatz zugeführt.

Durchquert die Linie die ganze Hand, läßt sie der Du-Welt keinen Raum. Unerschrocken und klug nützt man jede Möglichkeit selbstsüchtig aus. Mit einer solchen Linie wird der Mensch versuchen, mit fanatischem Willen und Härte seine Umwelt zu vergewaltigen. Eine innere Starre und Verkrampfung entbehrt nicht zwangsneurotischer Züge.

Ist die Kopflinie so kurz, daß sie schon vor der Mittelachse endet, dann wird das Denken von keinem gegenständlichen Ziel angezogen. Das bewußt eingesetzte Wollen überschreitet nicht den Ich-Bereich, und die Triebkraft vermag nicht den Forderungen der Welt zu begegnen und sich mit ihnen auseinanderzusetzen. Das im Ausdrucksfeld des Du Verkörperte aber dringt mächtig auf den Menschen ein; unbewußte Bilder überfluten ihn. Vor diesem Anstrom und Einsturm geht ihm der eigene Atem aus, zumal wenn die kurze Linie zart oder unruhig gezeichnet ist. In solcher Linie liegt auch ein infantiles, ein unentwickeltes Zurückziehen, das sich in einer kindlichen Bewußtseinshaltung bewahren möchte, um keine Stellung zu sachlichen Anforderungen nehmen zu müssen.

Der Raum, den die Kopflinie unter der Du-Seite frei läßt, ist wichtig für das Spiel der unbewußten wie der seelischen Kräfte. Er wird verengt, wenn eine löffelförmige Endung gegeben ist, die wie ein Greifarm sich der oberen Herzlinie bemächtigen will und rationale Sicherung der Gefühle verlangt.

Endet die Kopflinie leicht abwärts geneigt im oberen Mondberg, ist gute Beobachtung und Aufmerksamkeit vorhanden. Unbewußte Bilder werden hinaufgehoben, bewußtgemacht und gestaltet.

Sinkt die Linie aber übermäßig tief in den Mondberg (Abb. 17) und verliert ihr Eigengewicht, so wird die Gestaltungskraft vom Sog des Unbewußten abgezogen. Das Bewußtsein kann die einströmenden Bilder nicht formen. Unklare Vorstellungen und Einbildungen bemächtigen sich des Lebens, oder die Gedanken verfallen dumpfen Depressionen und verlieren die Verbindung zur Wirklichkeit. Für solche Menschen ist es schwer, den Weg ins tätige Leben zu finden. Eine tief herabfallende Kopflinie, die in die unterste Du-Seite einmündet, kann aber auch bei kontemplativen Menschen angetroffen werden, für die bewußtes Denken und Wollen keine hemmende Schranke mehr zwischen oben und unten bildet.

Eine nur schwach gezeichnete schmale Kopflinie läßt Mangel an Gedankentiefe erkennen. Das Denken ist nicht bluthaft getragen. Es bedarf der Anregungen oder Hilfen des Du, um in Gang zu kommen. Die breite Linie dagegen ist Ausdruck eines gewöhnlichen, anspruchslosen Denkens, dessen Urteilskraft nicht tiefgehend, dessen Ausdrucksweise grob ist.

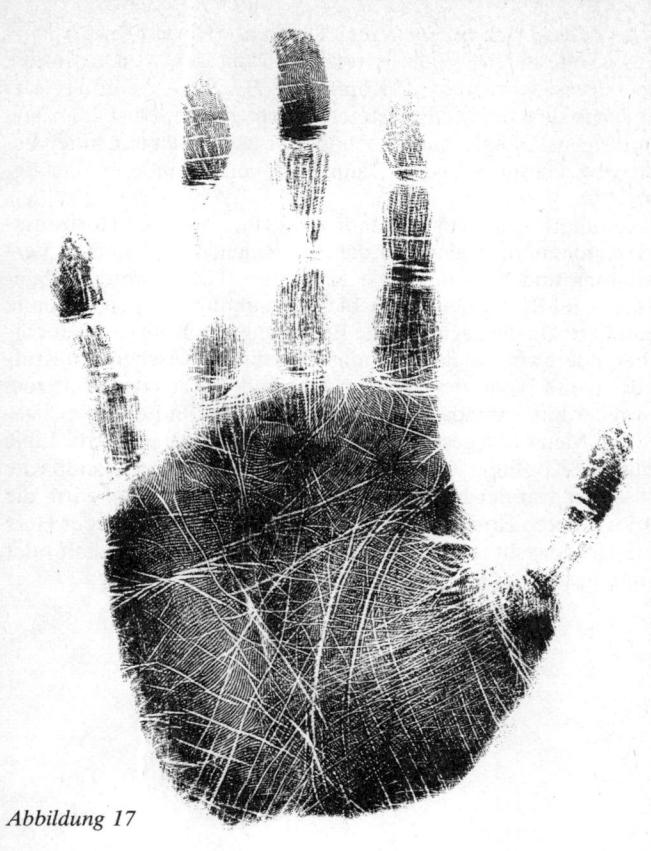

Abbildung 17

Nicht immer ist die Linie in ihrem Verlauf einheitlich gezeichnet. Eine wellenförmige Linie läßt Unentschlossenheit und Beeinflußbarkeit erkennen. Auch diplomatisches Ausweichen, das in einer labilen oder materiellen Hand zu Lüge und Täuschungsversuchen führen kann. Jeder Versuch der Kopflinie, ihren ursprünglichen Verlauf zu verändern und von der eingeschlagenen Richtung abzugehen, bedeutet ein Ausweichen, ein Versteckspielen, einen Mangel an fester Zielrichtung. Wesentlich ist es, auf welcher Seite solche Verschiebungen liegen. Denn alles, was sich im Ich-Raum abspielt – dies betrifft auch die verschiedenen Zeichen –, bezieht sich auf das eigene Denken, während Angaben auf der Du-Seite die Auseinandersetzungen mit der Welt betreffen.

Der Zwischenraum, der Kopf- und Herzlinie trennt, ist der Bereich, in dem der Mensch atmet, in dem er sich selbst spürt und seiner Eigenständigkeit als Geschöpf zwischen oben und unten bewußt wird. Darum ist dieser Raum auch von besonderer Wichtigkeit.

Ist er überhaupt nicht vorhanden, weil beide großen Horizontalen zusammenfallen, dann ist dies ein Zeichen von innerer Verkrampfung und Sperrung. Die Kräfte des Unten werden abgeschnitten und jene des Oben bleiben auf ihren eigenen Raum beschränkt. Da die gegenläufige Bewegung von Kopf- und Herzlinie behindert wird, ist der lebendige Rhythmus zwischen den Kräften des in die Welt vorstoßenden Ichs und des aus der Welt zum Ich wieder hinführenden Weltatems gefährdet und das Gleichgewicht im Menschen gestört. Je nachdem, ob diese gesperrte Linie primär die Kopflinie ist (Abb. 18) – also tiefer in der Handfläche liegt – oder von der höher liegenden Herzlinie gebildet wird, die sich der unteren Horizontalen bemächtigt, werden Kopf oder Herz das Gleichgewicht stören, wird der Mensch berechnend kalt oder hemmungslos im Gefühl sein.

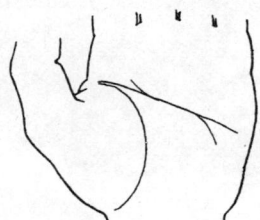

Abbildung 18

Eine solche gesperrte Linie ist in den Händen begabter, meist künstlerischer Menschen zu finden, doch immer werden diese mit großer Heftigkeit und gegen alle Widerstände ihre Gedanken oder Gefühle durchsetzen. Sie kennen kein Maß und werden, wenn die Schicksalslinie vorhanden ist, erreichen, was sie triebhaft verlangen.

Daß diese Linie als sogenannte Affenfurche auch in Händen mongoloider, schwachsinniger Kinder auftritt, ist ein Zeichen, daß bei geistig zurückgebliebenen Kranken die Gegenkräfte nicht stark genug sind, um solches mangelnde Gleichgewicht auszutragen. Es handelt sich bei Mongoloiden vor allem um eine Herzlinie, also um das Gefühl, das dem Denken keinen Raum läßt. Wenn ein mongoloides Kind Zuwendung und Liebe spürt, kann es sich ganz öffnen und hingeben. Sonst fühlt es sich blockiert und abgeschnitten von jeder Kommunikationsmöglichkeit. Es kann auch die Bewegung in einem erhöhten Venusberg als rhythmische Schwingung spüren und wiederholt sie. Klänge oder Worte vermögen es aus seiner Starre zu lösen.

Ist der Zwischenraum zwischen Herz- und Kopflinie unverhältnismäßig groß, so liegt auch in diesem Bild eine Gefahr. Denn man kann abgespalten und getrennt nach beiden Seiten hin leben – nach der verstandesmäßigen wie nach der gefühlsmäßigen –, wird aber beide nicht in Einklang miteinander bringen. In diesem Bild sind die Kräfte der Erde und des Himmels getrennt, und der Mensch hat es schwer, sein eigenständiges Selbstsein in ihrer Mitte zu finden, oder fühlt sich von beiden isoliert.

Das Gegenteil wäre ein sehr enger Zwischenraum (Abb. 15), der auf Sicherungsbedürfnis, auf innere Enge, Bedrängtheit und Angst schließen läßt und, daraus folgernd, auf körperliche Krankheitserscheinungen, wie Angina pectoris oder Asthma. Ein solcher Mensch will sich sichern, sich ängstlich bewahren und verliert dadurch jede spontane Lebensäußerung. Erweitert sich die anfängliche Enge zum Handrand hin, erwacht der Wille, sich des Du zu bemächtigen, während die auf der Ich-Seite vorhandene Weite, die zur Du-Seite hin sich verengt, eine kleinliche Selbstkontrolle und sichernde Bewahrung im Umgang mit der Welt erkennen läßt.

Der gut angelegte Raum zwischen den beiden großen Querlinien, der sich nach der jeweiligen Hand richtet und nicht auf ein genaues Maß festgelegt werden kann, ist Zeichen einer lebendigen Bewegung zwischen Kopf und Herz, zwischen der Auseinandersetzung mit der Welt und dem Hineinnehmen der in der Welt gemachten Erfahrungen und Begegnungen. Es herrscht Gleichgewicht zwischen bewußter Sachlichkeit – Kopflinie – und innerer Erlebnisfülle – Herzlinie –, zwischen klarer Unterscheidung und liebender Hingabe.

Die Herzlinie

Die oberste Horizontale der Hand verläuft in umgekehrter Richtung wie die Kopflinie. Sie beginnt auf der Kleinfingerseite, während die Kopflinie auf der Daumenseite entspringt. Im entgegengesetzten Verlauf dieser beiden Linien sollte ein entsprechender Rhythmus liegen, als Zeichen, daß der Mensch in gleicher Weise zur Welt hinschwingt, wie er aus ihr Antriebe und Anregungen erhält, und daß die auf Gegenständlichkeit bezogenen Kräfte zur seelischen Innerlichkeit in einem ausgeglichenen Verhalten stehen. Im Bild gesprochen, würden Ausatmen und Einatmen harmonisch schwingen. Der Schwung der Herzlinie kann auch dem Halbkreis der Lebenslinie entsprechen. Dann bedeutet dies ein Gleichklang der seelischen und triebgebundenen Impulse. Die Kraft der Sehnsucht und Liebe steht ergänzend und erlösend der Lebenskraft, der Drang in das Unbegrenzte aufzusteigen, dem natürlichen Abstieg gegenüber.

Die Herzlinie ist Ausdruck mitmenschlicher Beziehungen und Gefühle, die in das innere Erleben einbezogen und beseelt werden. Sie läßt die Liebesfähigkeit erkennen, die von der seelischen Kraftfülle des Menschen – der obere Handraum – aufgenommen und der geistigen Sinnrichtung – den Fingern – zur Verfügung gestellt wird. Auch die höhere Erkenntnis wird in diese Liebeskraft hineingenommen. Das Herzdenken aber ist im Bild der Herzlinie, die die Fingerberge trägt, vom Verstand und seinem Bewußtseinsbereich, der Kopflinie abgetrennt. Denn wirklich kennen und erkennen wird man nicht, was man verstandesmäßig begreift, sondern was man liebt.

Es ist ein aussagemächtiges Symbol, daß die Herzlinie auf der Du-Seite beginnt, daß der Anruf der Liebe also vom Du – in vollendeter Weise vom göttlichen Du – ausgeht und der Mensch in der Liebe sich selbst übersteigt, wie es der Schwung der Herzlinie zum Jupiterfinger und damit die Ichseite übergreifend erkenntlich macht. In der Liebe geht der Mensch nicht seines Wesens verlustig, sondern wird, indem er sein Ich übersteigt, erst wirklich er selbst. Als liebendes Wesen weiß er um den anderen und erkennt zugleich in seiner Seelentiefe das eigene Sein.

Da die Aussagen der Herzlinie den geistigen Bereich umfassen, müssen noch andere Zeichen betrachtet werden, aus denen erkennbar wird, daß die Liebesfähigkeit auch die Kraft zur Verwirklichung und Umsetzung gegeben ist. Fehlt die Substanz und Konzentrierung in einer Hand, dann ist der Einsatz der seelischen Kräfte nur ein Wunschtraum. An die Stelle real gelebter Du-Beziehung tritt eine oberflächliche Sentimentalität oder eine unsubstantielle Sehnsucht.

Die gutgeschwungene Herzlinie ist in ihrer Aussage nur positiv zu bewerten, wenn die in ihr ausgedrückte Seelentiefe und Liebesfähigkeit von Sinnenfülle und Antriebskraft getragen wird, die ein entwickelter Venusberg anzeigt.

Die allein auf sich gestellte Herzlinie, der die Verwurzelung im unteren Handraum mangelt, drückt Gefühlsregungen aus, die nicht von Naturkräften gespeist oder von Wirklichkeitsbezogenheit gehalten werden. Deshalb besteht die Gefahr, daß sich das seelische Leben in Höhen der Sehnsucht verflüchtet, denen die reale Grundlage fehlt. Entspricht die Erhöhung des unteren Handraums jener der Fingerberge, dann ist eine ausgeglichene harmonische Entsprechung zwischen Sinnenhaftigkeit und Sehnsucht, zwischen Naturkraft und seelischer Innerlichkeit vorhanden.

Auch die Lage der Herzlinie läßt solche harmonische oder disharmonische Verbindung von „unten" und „oben" erkennen. Je tiefer sie bei der Dreiteilung des Innenraumes in der Hand liegt und dadurch dem Bereich der Sehnsucht und Innerlichkeit Auswirkungsmöglichkeit läßt, um so tiefer reicht die Innerlichkeit in den Naturraum hinein. Mitgefühl und Menschlichkeit, Opferbereitschaft und Hingabefähigkeit werden entwickelt sein. Dagegen verlängert eine hochliegende Herzlinie den Vitalbereich und läßt auf eine starke Triebverhaftung der Gefühlswelt schließen. Im harmonischen Verhältnis entspricht der Raum oberhalb der Herzlinie einem Drittel der gesamten Handfläche.

Der Anfang der Herzlinie liegt am äußersten Handrand unter dem kleinen Finger. Beginnt sie nicht hier, sondern weiter in die Handfläche hinein, dann werden vom Du her weniger seelische Kräfte im Menschen angesprochen – ein Zeichen verringerter Liebesfähigkeit.

Ist der Beginn unruhig und verwirrt oder gekettet, dann ist die Kindheit belastet, und ein frühes Leid kann zur Ursache psychischer Komplexe werden.

Am kraftvollsten ist die Herzlinie, wenn sie in einem dynamischen Schwung zum Jupiterberg hinaufführt und dort endet. Es sollte sich in ihrem Verlauf der Zug nach oben ausprägen, eine Bewegung zum Übersteigen des nur Ichhaften. Die Schwingung ist Ausdruck für das Gewicht der seelischen Innerlichkeit, die – bei entwickelten Fingerbergen als Fülle oder bei nicht erhöhten Bergen – als Sehnsucht vorhanden ist.

Endet die Herzlinie in der Mitte des Jupiterberges, ist dies Zeichen von Ehrfurcht in der mitmenschlichen Beziehung, von tiefer Liebesfähigkeit und Hingabebereitschaft. Auch das Ende der Linie zwischen Jupiter- und Saturnberg läßt auf Innerlichkeit schließen und bezeugt eine Liebeskraft, die mit Treue und Beständigkeit verbunden ist. Schickt die Herzlinie nur einen Zweig in den Zwischenraum von Zeige- und Mittelfinger, während sie selbst zum Jupiterberg aufsteigt, drückt eine solche Verbindung von Sehnsucht und Verwirklichung, von Hingabefähigkeit und Leistungswillen eine nachhaltende Intensität der Liebeskraft aus.

Schneidet die Herzlinie in den Zeigefinger ein, wird ein übertriebenes Liebesbedürfnis zu viel vom Du erwarten und den Partner überfordern.

Gibt das Ende der Herzlinie im Zwischenraum zwischen Zeige- und Mittelfinger dem Jupiterberg einen weiten Raum frei, dann liegt hierin die Gefahr übertriebener Ich-Betonung. Der Geltungsdrang steht im Vordergrund und läßt vorwiegend nur Gefühle zu, die nach außen hin sichtbar und belohnt werden (Abb. 14).

Anders ist die Einstellung, wenn die Herzlinie mit ihren Zweigendungen nach verschiedenen Seiten ausgreift, ein Bild, daß die Gefühle sich nach verschiedensten Seiten hin entfalten. Nur wenn ein solcher Zweig auf die Lebenslinie herabfällt, so daß sich im Daumenwinkel Herz- und Lebenslinie, oft noch in Verbindung mit der Kopflinie, treffen, ist dies ein Zeichen von Egoismus und Kälte. Die Gefühle sollen dem Ich und seiner Befriedigung dienen; der Sog eigensüchtiger Gedanken und vitaler Triebe zieht auch die Innerlichkeit der Seele in seinen Bannkreis.

Fällt die Herzlinie selbst am Ende zum Daumenwinkel herab, sind Egoismus und Selbstbezogenheit angezeigt. Daß dies auch eine Anlage zu Depressionen bedeutet, ergibt sich aus der Tatsache, daß der Mensch allein um sein Ich kreist, aus dem er keinen Zugang mehr zum Du oder einem Höheren findet und hierdurch Sehnsucht und Hoffnungskraft erlöschen.

Die Herzlinie kann in ihrer Endung auch gerade und hart die Hand durchqueren und schwunglos auf der Daumenseite enden. Auch dies ist Zeichen übermäßiger Ich-Bezogenheit, die voller Aggressionen und Qualen ist. Von leidenschaftlichem Besitzwillen oder tyrannischer Eifersucht erfüllt, vermag der Liebende sein ichhaftes Verlangen nicht zu übersteigen. Er sucht vielmehr voll quälender Angst das Objekt seiner Liebe mit allen Mitteln festzuhalten und seinem Eigenwillen einzufügen. Hierbei ist er auch zu Opfer und Leiden fähig.

Nicht weniger selbstsüchtig, wenn auch ohne das Leid einer solchen Ich-Bezogenheit, ist der Mensch, dessen Herzlinie schon unter dem Mittelfinger endet oder zu ihm aufsteigt. Beide Male wird der Einfluß der Saturneigenschaften vorwiegen, so daß sachliches Pflichtgefühl oder kalte Zweckhaftigkeit die Gefühle beherrschen.

Innere Resignation oder mißtrauische Zweifel werden die Kraft der Liebe und Sehnsucht zurückhalten. Je tiefer die Herzlinie in den Saturnfinger eindringt, um so kälter sind die zweckhaften Überlegungen.

Liegt die Herzlinie wie ein Sack in der Hand oder wie eine geöffnete Schale, die darauf wartet, daß sie gefüllt wird, ist dies ein Zeichen, daß der Mensch nicht die Sehnsucht der Liebe als eine dynamische, aufwärtsschwingende Kraft verspürt, sondern von anderen Erfüllung seines Verlangens erwartet. Manchmal sackt die Herzlinie nur an bestimmten Stellen ab. Immer aber ist dies Zeichen einer Erwartung, eines Stillstandes, den die eigene Liebesfähigkeit nicht zu überbrücken vermag. Solche Menschen sind sentimental und leicht ansprechbar, aber ihre Gefühle lassen schnell nach, und es bedarf eines anderen, der den Strom der Liebe und Hingabe wieder in Fluß bringt. So liegt in diesem Bild mehr Sehnsucht nach Erfülltwerden als echte Liebeskraft und Einsatz seelischer Gefühle.

Ist eine Herzlinie nur zart und oberflächlich gezeichnet, werden die Gefühle trocken und nüchtern sein, während echte Bindung und Gefühlskraft aus der tief eingezeichneten Herzlinie spricht.

Eine nicht durch Zweige aufgelockerte unverästelte Linie zeigt Härte und Gemütskälte an. Die Zweige lassen – bildhaft gesprochen – auf dem Weg des Herzens Gefühle zurück und füllen mit Herzblut den Raum aus, den sie berühren. Immer ist ihr Vorhandensein Ausdruck innerer Bewegtheit und Sensibilität.

Wellenförmig gezeichnet, drückt die Herzlinie mangelnde Stetigkeit im Gefühl aus. Auf die Liebe solcher Menschen ist wenig Verlaß. Das gleiche gilt, wenn sie nur aus Strichen besteht, das Herz gleichsam immer von neuem zum Lieben ansetzt und wieder ausläßt.

Jeder Mangel im Ausdrucksfeld der Herzlinie besagt, daß im Raum der Innerlichkeit nicht genügend Liebesfähigkeit vorhanden ist, um sich selbst in der Hingabe zu überschreiten.

4. Der Schicksalsweg im Bild der Hand

a) Schicksalsbereiche

So viele Anlagen und Möglichkeiten auch in eine Hand eingezeichnet sein mögen, es werden sich nur jene entwickeln, die der
Mensch bewußt zur Gestaltung führt. Denn der Weg zur Reife ist
kein naturgegebener, sondern ein geistiger, ein Weg des „Stirb und
Werde", der oft gegen die natürliche Veranlagung gerichtet ist.
Es ist ein Weg des Einsatzes und der Arbeit, der Entscheidung
und der Verwandlung, die sich in einem ganz bestimmten Schicksalsraum vollziehen. Empfindet der Mensch das ihm Begegnende,
das Schöne wie Leidvolle, nur als Zufall, als ein ihm von ungefähr
Anfallendes, stellt er es nicht in Beziehung zu seinem persönlichen
Leben, sondern fürchtet er es nur als ein dunkles Verhängnis, das
Gewalt über ihn gewonnen hat, dann vermag es für ihn nicht sinnvoll zu sein, ihm nicht zum Schicksal, zu einem persönlichen
Geschick, einem ihm Zu-geschickten zu werden, mit dem er sich
kraft seines freien und bewußten Willens auseinanderzusetzen hat.
Schicksal tritt erst dort auf, wo der Mensch das ihm Zustoßende
mit seinem persönlichen Leben verbindet, es als Schuld oder Prüfung, als Strafe oder Belohnung, als Weg zur Entwicklung oder
Trennung, als Anspannung seiner Willenskräfte und als ganz bestimmten Bezug seines Seins erfährt, es annimmt, es bekämpft oder
ihm auszuweichen sucht. Die dem Menschen vorgegebene
Lebensform, das ihm eigene vitale Kraftgefüge sind bestimmend
für den Raum, in dem er seinen inneren Auftrag zu erfüllen hat
und dem Schicksal begegnet. Im allgemeinen spricht man nicht
vom Eingriff des Schicksals, wenn es sich um günstige Ereignisse
handelt, die man den eigenen Verdiensten zuschreibt. Das Wort
Schicksal ist belastet mit Schmerz, Leid und Auflehnung. Es wird
solange als ein feindlicher, fremder Eingriff angesehen, bis nicht
Erkenntnis und innere Reife seinen Sinn zu erfassen und es in das
persönliche Leben einzubeziehen vermögen.
Auf der typischen Ebene gleichen sich die Schicksale der Menschen, wie diese sich in ihren Handlungen und Reaktionen ähnlich

sind. Erst als persönliches Ich unterscheidet sich der einzelne wesentlich vom anderen, erst dann zeichnet sich sein persönliches Schicksal ab, gewinnt das scheinbar gleiche Ereignis für jeden eine andere Bedeutung. Denn es trifft auf eine jeweils anders geartete persönliche Einstellung und Tragfähigkeit. Die Gewichte von Kraft und Gegenkraft sind in jedem Leben verschieden verteilt. Jeder hat seine verwundbare Stelle. Was den einen zutiefst verletzt, berührt einen anderen kaum.

Im Bild der ovalen Hand, die Ausdruck triebgebundener Daseinsbehauptung ist, wird das Schicksal, wie wir schon ausführten, den Menschen am stärksten dort treffen, wo er sich in seiner Lebensentfaltung gestört sieht, wo er aus der Geborgenheit und Sicherheit eines Kollektivs herausfällt und sich nicht mehr eingebunden fühlt in einem umfassenden Ur-Wir. Voller Angst und Empfindlichkeit wird er dann reagieren und an der Disharmonie und Kälte der Welt leiden. Auch wenn in der Innenhand der untere, vitale Handraum am stärksten ausgeprägt ist, wird der Mensch am empfindsamsten dort getroffen, wo er sich in seinem Lebens- und Lustgefühl eingeengt findet.

Der Mensch der eckigen Hand, der auf Gestaltung und Bewußtwerdung eingestellt ist, wird sich vom Schicksal getroffen fühlen, wenn er den Sinn eines Geschehens nicht begreift oder wenn Gesetze und Ordnungen gestört und Forderungen nicht erfüllt werden, die von der Welt aus notwendig sind. Er leidet unter Unrecht und Ungerechtigkeiten und wird oft von Schuldgefühlen belastet. Ist in Entsprechung zur eckigen Handform der mittlere Bereich der Kopflinie, der Raum der Formung und Bewußtwerdung, ausgeprägt, dann wird sich der Mensch vor allem dort mit dem Schicksal auseinandersetzen und von ihm betroffen werden, wo er eine Verpflichtung nicht erfüllen kann oder wo seine persönlichen Belange tangiert werden, wo das selbstgebaute ‚Haus' durch den Eingriff von Du und Welt ins Wanken gerät.

Ein Mensch mit konisch-spitzen Händen fühlt sich vom Schicksal heimgesucht, wenn seine Sehnsucht kein Ziel mehr findet oder Leben und Welt für ihn sinnlos werden. Dann erfaßt ihn die Leere der Einsamkeit, die Trauer einer hoffnungslosen Verlorenheit. Wenn auch die Herzlinie oder der oberste Raum der Innenhand am stärksten ausgeprägt sind, wird der Eingriff des Schicksals vor allem dort erfahren, wo die Seele keinen Raum der Entfaltung findet und der Mensch in einem Zustand von Dürre und Trockenheit leben muß.

Neben diesen Zeichen, die ganz allgemein die schicksalshaften

Angriffspunkte andeuten, gibt es bestimmte Kraftfelder und Gebiete des Lebens, die vom Schicksal besonders umlagert werden. Solche Bereiche, in denen ein schicksalsauslösender Funke leicht entzündet wird, zeigen sich in der Hand durch linienreiche, unruhig verwirrte Flächen an, durch Betonung eines Berges, in dem sich Fülle und Intensität der Energien zusammenballen, oder durch einen völlig leeren, linienlosen Raum, in dem ein unbewußtes dumpfes Gären das Schicksal anzieht. Überall dort also, wo ein Raum der Hand nicht harmonisch in das Gesamtbild eingefügt ist, besteht die Gefahr eines Einbruchs des Schicksals.

Dieser Schicksalsraum kann zwischen Herz- und Kopflinie liegen, wenn kein Gleichgewicht herrscht zwischen Denken und Fühlen, und das ordnende Prinzip die spontane Hingabe hemmt oder Gefühle, die rationale Erwägungen außer acht lassen.

Ein anderes Beispiel: Eine Linie, die im unteren Raum bogenförmig den Mondberg einkreist, zeigt, daß Wunschbilder des Unbewußten, die sich dort in vielen kleinen Linien ausdrücken, abgegrenzt werden von jeder Möglichkeit tatsächlicher Erfüllung oder bewußter Gestaltung. Eine solche Linie (Abb. 12) ist heute vielfach in Kinderhänden ausgeprägt, als Zeichen unbewußter Kräfte, die aus dem Lebensgrund selbst aufsteigen und unmittelbar, noch vor jeder rationalen Überlegung oder bewußten Formung, in das persönliche Leben eindringen, seine Ich-Fixierung enthemmend oder sein Ich gefährdend. Früher lösten solche Einbrüche des Untergründigen, Geheimnisvollen Unruhen, Sehnsüchte, Rauschzustände aus. Die kommende Generation aber wird von solchen enthemmenden Kräften, die eine Entsprechung sind zu der heutigen Auflösung aller Begrenzungen, nicht mehr überrascht werden, sondern die Grenzsituationen in ihr Leben einzubeziehen wissen, die zuvor chaotische Verwirrungen auslösten.

Farben, Klänge, Ahnungen, Phantasien und Träume suchen in den Lebensbereich einzudringen, finden aber keinen Durchbruch durch die abgrenzende Linie. Die Kopflinie ist im Rationalen gehalten und greift nicht in den Mondberg ein.

In Händen, die vor allem im Saturnberg von zahllosen unruhigen Linien durchzogen werden, wie ein giftiges Gewebe, das mit seinen Wucherungen nach allen Seiten ausgreift, gärt ein Schicksal, das Unruhe und Verwirrung bringt, die in den mittleren Raum hineinwirken.

Trotz solcher Belastungen aber sucht die Schicksalslinie sich oberhalb der Herzlinie in vielen nebeneinander laufenden Strichen einen Weg durch die kreuzenden Querlinien zu bahnen (Abb. 19).

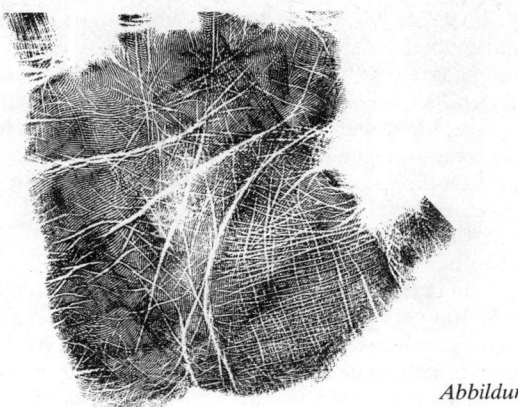

Abbildung 19

Dies läßt erkennen, daß in leidvollen Mühen eine Konzentration der Kräfte zu verantwortlicher Leistung erreicht wird. Der Schicksalsauftrag im Raum des Saturnberges könnte lauten: „Wer immer strebend sich bemüht." Aber die Stufen, die zu einer geistigen Entwicklung führen, werden nur langsam erstiegen. Denn diesem Menschen ist weder vitale noch seelische Kraftfülle gegeben – die Hand weist keinerlei Erhöhungen auf. Als Material steht allein die aus Erfahrungen und Erlebnissen, aus Freude und Leid gesammelte Innerlichkeit der Seele zur Verfügung.

In einer linienreichen Hand sind die Aussagen differenzierter, da der Mensch in dieser Vielfältigkeit eine feinfühlige Reaktion auf Eindrücke und Impulse zum Ausdruck bringt. Er findet auch mehr Möglichkeiten zur Entspannung belastender Impulse. So vermeidet er die Gefahr, mit explosiven Ausbrüchen einer inneren Stauung Luft zu geben. Durch Linien, deren Dynamik von den Triebquellen gespeist wird, kann auch die Intensität eines betonten Berges aufgelockert werden.

Die schicksalauslösende Kraft stark betonter, doch von wenig Linien durchzogener Berge liegt in einer inneren Gespanntheit, die kaum aufzulockern ist. Gestaute Kräfte finden keinen Abfluß und können so übermächtig werden, daß sie den Menschen mit plötzlicher Gewalt überfallen und ihn zu unüberlegten Handlungen und schroffen Reaktionen veranlassen. Solche Spannungen und Stauungen können, wenn sie im Venusberg auftreten, gewaltsame Schocks auslösen, weil ihre Triebmächtigkeit noch ungerichtet und unübersehbar ist.

Häufig liegt im Mondberg eine übermäßige Stauung von unbewußten Kräften, die ungestaltet bleiben und dem bewußten Leben nicht eingeordnet werden. Dies mag die Folge von Hemmungen oder Verkrampfungen sein, kann aber auch durch eine falsch verstandene Disziplin bewirkt werden. Solche gestauten Kräfte bedeuten einen gefährlichen Sog des Unbewußten, der den Menschen in seinen Bann hineinzieht. Oder es überfluten Traumbilder und chaotische Sehnsüchte das rationale Leben.

In einem betonten, doch linienlosen Marsberg drücken sich gestaute Kräfte verhaltener Aggressionen aus, die plötzliche Explosionen hervorrufen können. Sie stoßen in zerstörender Selbstquälerei gegen das eigene Ich vor oder kämpfen mit brutaler Gewalt gegen die Welt an. Hierbei ist es wichtig, ob der Daumen klein und breit ist, als Zeichen aufgespeicherter Impulse, die nicht zum natürlichen Einsatz kommen können, oder ob ein langer und breiter Daumen den Ausbruch triebhafter Elementarkraft anzeigt.

Ein jeder gestauter und nicht von Linien aufgelockerter Berg ist mit intensiven Spannungen gefüllt, die sich auf gefährliche Weise entladen können.

b) Konfliktsituationen

Nicht nur bestimmte Räume der Hand zeigen schicksalhafte Bedrohung an. Oft dient eine nicht gestörte Spannung zwischen zwei einander entgegengesetzen Kräften oder Zielrichtungen als Einfallstor des Schicksals. Dies zeigt der Unterschied zwischen Rumpf- und Fingerform, die Verschiedenheit von Außen- und Innenhand oder die unterschiedlichen Aussagen von linker und rechter Hand.

Für einen Menschen, der sich stärker im Kollektiv eingebunden fühlt und der seiner typischen Grundhaltung nach lebt, ohne sich von der Freiheit persönlicher Entscheidung bestimmen zu lassen, wird fast ausschließlich die Außenhand bestimmend sein. Auch wenn eine linienreiche Innenhand auf vielfältige persönliche Erlebnismöglichkeiten schließen läßt, weichen solche Menschen dem ihnen allein bestimmten Lebensweg aus und nehmen nicht das Wagnis des eigenen So-seins auf sich, sondern verbergen sich im Kollektiven.

Meist sind dies Menschen mit langem, breitem Handrumpf und kurzen Fingern oder solche mit ovalen Händen, die nicht gern aus ihrer Gebundenheit und Sicherung heraustreten und deshalb, solange es ihnen möglich ist, im Typischen, Kollektiven verharren.

Schon die Außenhand läßt, wenn auch nur in der typischen Anlage, Spannungen erkennen, die früher oder später Schicksalseinbrüche anziehen und eine persönliche Stellungnahme fordern.

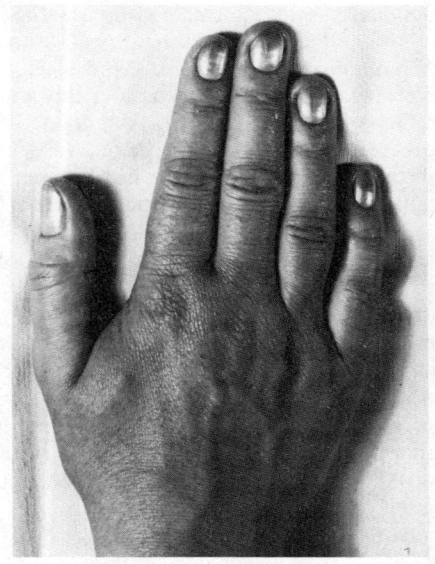

Abbildung 20

Die Hand einer dreißigjährigen Frau (Abb. 20) zeigt eine solche Konfliktmöglichkeit, die sich schon in der typischen Grundstruktur aus der Spannung von Trieb und Geist, von aktivem Impuls und passiver Erwartung ergibt.

Zwischen Rumpf- und Fingerform und zwischen Daumen und kleiner Fingerseite liegt eine Verschiedenheit, die Zeichen starker Spannungen ist. Der Rumpf ist nach der Du-Seite hin ausladend und verbreitert sich zum Ansatz der Finger hin. Diese Spatelform bedeutet auf der passiven Seite, daß der Wille vorherrscht, sich durchzusetzen und das Leben aktiv zu bewältigen. Die Natur quillt

113

gleichsam aus dem Urgrund hervor, strömt breit ausladend auf die Welt zu und sucht sie nach ihrem Willen zu gestalten.

Die Form der Finger ist unterschiedlich. Zeige- und Ringfinger sind konisch-spitz, die beiden anderen eckig geformt. Bei solchen gemischten Formen enden meist Zeigefinger und kleiner Finger, die in der Innenhand durch die Herzlinie verbunden werden, in gleicher Weise. Ebenso sind Mittel- und Zeigefinger gleich geformt. Zuweilen neigen sich diese Finger auch einander zu. Dies geschieht, wenn die Schwere schicksalhafter Belastungen – im Mittelfinger ausgedrückt – sich auf die Du-Beziehungen – den Ringfinger – legt oder aus der Umwelt hervorgerufene Schwierigkeiten innere Gespanntheit und Verkrampfung verursachen.

Betrachtet man nur die Du-Seite dieser Hand, so läßt ihre ovale Form auf ein Verlangen nach Umfassung und Bewahrung, nach Harmonie und Geborgenheit schließen. Auf der Ich-Seite aber überwiegt die eckige Form. Hier, im Eigenraum, werden Ordnung, Formgebung und Disziplin verlangt, steht der Wunsch nach selbständiger Gestaltung des Lebens im Vordergrund, ist das Ich in die Auseinandersetzung mit der Welt gestellt.

Dieses Ich aber beansprucht einen weiten Raum. Der Daumen ist, besonders für eine Frauenhand, sehr groß und deutet den natürlichen Anspruch an, sich im Dasein durchzusetzen und den eigenen Willen der Welt aufzuprägen. Da auch der Zeigefinger stark entwickelt ist und den Ringfinger um ein Beträchtliches überragt, wird solcher Führungsanspruch von einem ausgeprägten Selbstbewußtsein unterstützt. Dieses wieder gründet auf einem starken Maß an vitaler Kraft und Willenspotenz, so daß es sich ungehemmt und unmittelbar durchsetzen und behaupten wird.

Wie aber stimmt diese Haltung überein mit dem Wunsch, vom Du beschützt und umfangen zu werden, der aus der oval geformten Du-Seite spricht? Hier eben liegen die Spannungen und Konflikte dieser Frau. Sie wird im Verhältnis zum Du weiblich anschmiegsam, liebe- und schutzbedürftig erscheinen, in Wirklichkeit aber weiß sie genau, was sie will und was sie für ihre Daseinsbehauptung beanspruchen kann. In eine solche Spannung wird das Schicksal eingreifen können und eine aus falschen Voraussetzungen aufgebaute Du-Beziehung zerschlagen, wenn nicht bewußt auf die Ich-Betonung verzichtet wird. Oder es werden Minderwertigkeitsgefühle entstehen, wenn der vorhandene Geltungsanspruch sich dem Du gegenüber nicht hat durchsetzen können.

Wie solche aus der typischen Grundstruktur des Charakters hervorgerufenen Konflikte, die sich in der Außenform der Hand

114

ausdrücken, gelöst werden, ist erst aus der Innenhand zu erkennen. Diese kann die Außenhand ergänzen oder die in ihr hervortretenden negativen Zeichen ausgleichen. Sie kann aber auch im Gegensatz zur Außenhand stehen und damit Spannungen zwischen der typischen Veranlagung und der persönlichen Lebensweise zum Ausdruck bringen.

In der Innenhand zeichnen sich die anlagemäßig vorgegebenen Möglichkeiten und Schwierigkeiten, die Harmonien und Disharmonien ab, die sich im persönlichen Erleben des Menschen bekunden und seinen inneren Weg schicksalhaft zu einem leidvollen oder glücklichen, zu einem schweren oder leichten machen. Im Bild der Außenhand deuten sich typische Anlagen an, die sich in einem objektiven Ergebnis verwirklichen sollen. Es kommt hier vor allem darauf an, ob zum Beispiel eine Leistung glückte, ein Werk gestaltet, die Beziehung zum Transzendenten erlangt wurde. Was sich hinter dieser Verwirklichung an Not, Leid oder Freude verbirgt, läßt sich allein aus der Innenhand ablesen. Nur hier erweist es sich, ob der Mensch auf seinem inneren Weg vorangekommen ist und wie er in seinem subjektiven Erleben reagiert.

Äußeres und inneres Geschehen, die Leistung in der Welt wie die Erfüllung des inneren Lebensauftrages bilden erst die Ganzheit des Menschen.

In einer eckigen Außenhand kann der Auftrag liegen, allgemein gültige Formen und Ordnungen aufzustellen. Eine in der Handfläche klar gezeichnete und gerade verlaufende Kopflinie würde einen solchen Auftrag auch von Innen her bewußt unterstützen, eine lange Schicksalslinie ihn mit Pflichtbewußtsein, Disziplin und Verantwortlichkeit unterbauen. Wäre die Herzlinie gut geschwungen und der obere Handraum betont, so stände dieser willensbetonten und bewußten Gestaltung eine Fülle an seelischer Kraft zur Verfügung, die das Wirken im Außen befruchtet und aus einer möglichen Einseitigkeit und Starrheit – den negativen Auswirkungen einer eckigen Handform – lösen würde. Bringen Lebenslinie und erhöhter Venusberg vitale Kraft und Triebmächtigkeit zum Ausdruck, dann würde die Begrenzungstendenz der eckigen Hand diese elementare Fülle in eine fruchtbare Spannung zwingen, die eine künstlerische Umsetzung ermöglicht.

Oder ein anderes Beispiel, in dem sich Dissonanzen zeigen: In einer ovalen Hand, die den Wunsch nach Geborgenheit und Harmonie in einem geschützten Dasein ausdrückt, liegt eine gerade verlaufende Kopflinie als Zeichen von Aggressionen und Auseinandersetzungen mit der Welt. Diese werden eine bewußte Lebensgestaltung verlangen, die der Mensch als Einbruch in sein sorgfältig behütetes Dasein mit Unlustgefühlen beantworten und als schicksalhafte Belastung empfinden wird. Ist dagegen in einer spitzen Hand der untere, naturhafte Raum, vor allem der Mondberg, erhöht, dann gerät der Mensch in Versuchung, sich träger Sinnlichkeit zu überlassen und in fruchtloser Beschaulichkeit zu verharren. Damit aber entzieht er sich dem Auftrag, über das Naturgegebene hinauszuwachsen. Die Schicksalsschläge, die ihn auf seinem Lebensweg treffen und ihn zwingen, in die Tiefen seines personhaften Seins einzudringen und seinem geistigen Auftrag zu leben, oder die ihn aus seiner Wirklichkeitsferne zurückholen und dem realen Geschehen gegenüberstellen, werden ihm zu einer kaum tragbaren Last. Denn seiner inneren Struktur nach wird er jeder Auseinandersetzung bis zur letzten Möglichkeit ausweichen und sich eine Scheinwelt auf Illusionen aufbauen, aus der herauszufallen Verzweiflung, selbst Hoffnungslosigkeit auslösen kann.

Während in der Spannung zwischen Außen- und Innenhand der Widerspruch von objektiver Verwirklichungsmöglichkeit und subjektiver Lebensstimmung zutage tritt, liegt in der Verschiedenheit der linken und rechten Handfläche eine Konfliktsituation, die allein im persönlichen Erlebnisbereich auszutragen ist. Die Spannungen, die sich hierdurch ergeben, dürfen nicht als negative Zeichen angesehen werden, sondern können als Antriebe zu innerer Entwicklung wirksam werden. Sind beide Innenhände wenig verschieden, werden weniger Auseinandersetzungen, Konflikte und Leiden auftreten.

Die Verschiedenheit beider Innenflächen zeigt die Ansatzpunkte, in die das Schicksal eingreifen kann, um den Menschen aus einem gegebenen Zustand heraus in eine bewußte Entwicklung zu stellen und dem schöpferischen Prozeß der Verwandlung einzufügen.

Es ist oft wichtiger, die linke Hand zu betrachten, weil in ihr jene Eindrücke und Anlagen zutage treten, die der Mensch noch nicht bewußt zu Wandlung und Verwirklichung geführt hat. Vielfach ergeben sich aus ihr Zeichen von Belastungen und Einflüssen, die von seinem Tagesbewußtsein noch nicht aufgenommen wurden. Die Innenfläche der rechten Hand läßt die Möglichkeiten zur Verwirklichung erkennen und die Aktionsfähigkeit des Menschen, in die auch die Anlagen der linken Hand einbezogen werden müssen. Die Aussagen beider Hände ergänzen sich, gleichen sich aus oder lösen Spannungen aus. Ist die eine der beiden Hände stärker und bewegter gezeichnet als die andere, ist dies Ausdruck einer großen Spannung, die als ungelöstes Problem über dem Leben liegt und schicksalbildend zu einer Lösung drängt.

Doch erst aus dem Bild beider Hände ist das persönliche Leben des einzelnen und die ihm eigene Erlebnisweise zu erkennen. In den Händen von Frauen und Künstlern wird die linke Hand meist stärker gezeichnet sein, während die rechte in den Händen aktiv Schaffender die ausdrucksvollere ist. Dabei kommt es nicht nur auf die Fülle der Linien an, sondern auch auf die Klarheit des Linienbildes, das vor allem in der rechten Hand der Formung und Wirklichkeitsbezogenheit unverwirrt sein sollte.

Die linke Hand, die die Anlagen des Menschen ausprägt, ist zugleich das Symbol seiner Jugend, in der er aufnahmefähig und empfangsbereit ist für Wünsche und Träume, in der er nach Schutz und natürlicher Geborgenheit verlangt. Erschütternd ist oft der Blick in die linke Hand eines Kindes, in der schon Zeichen unglücklicher Erfahrungen eingeprägt sind. Hieraus mag sich die Frage ergeben: Sind wirklich die Eltern allein schuld, wenn ein solches Kind liebelos und mißverstanden, überfordert oder belastet aufwächst? Sind nicht die Linien, die von solchen Eindrücken und Erfahrungsmöglichkeiten sprechen, schon mit der Geburt dem Kinde mitgegeben, schon dem Embryo eingezeichnet? Dies aber hieße, daß das Kind mit seinen Anlagen und Schwächen in eine Umwelt hineingeboren ist, die zum Nährboden wird für deren Entfaltung.

Sicher können die Linien sich ändern, wenn die Umwelt einen fördernden Einfluß auf das Kind ausübt und es in der rechten Erziehung und Liebe aufwächst. Aber solche Änderungen können sich kaum auf die gesamte Struktur einer Hand beziehen. Es wäre darum wohl richtiger zu sagen, daß es einer gemeinsamen Arbeit von Eltern und Kindern bedarf, um ein gegebenes Material an Anlagen und Möglichkeiten, an Begabungen und Schwächen in der rechten Weise zu entwickeln, Mängel auszugleichen und die Gewichte richtig zu verteilen. In Händen von Linkshändern werden die Aussagen vertauscht.

Eine konfliktreiche Anlage zeichnet sich in der linken Hand einer vierzigjährigen Frau ab (Abb. 21 a, b). Die Kopflinie fällt in den untersten Handrand des Mondbergs, nachdem sie einige Male den Versuch gemacht hat, durch einen Zweig zum Marsberg hin sich zu halten. Der Sog des Unbewußten ist zu stark, um das Fallen der Linie zu bremsen. Im Mondberg wird die Kopflinie von einer Anzahl anderer Linien begleitet, die parallel mit ihr verlaufen oder sie kreuzen. Die Herzlinie geht mit einem Zweig zum Jupiterberg

Abbildung 21a

Abbildung 21b

hinauf, der andere durchquert die Hand in gerader Linie. Dies sind die auffälligsten Merkmale der linken Hand.

Die rechte ist völlig anders gezeichnet. Die Kopflinie fällt nicht mehr in den Mondberg hinunter und überläßt den unteren Raum mit wenigeren Linien sich selbst. Das Denken und die Auseinandersetzungen mit der Welt sind nicht mehr von einem unbewußten Sog belastet. Statt dessen endet die Kopflinie im Bild eines Löffels, der, einem Greifarm gleich, sich der Herzlinie zuzuwenden sucht. Der Formwille und das Ordnungsprinzip greifen in den seelischen Bereich ein, und der Mensch wagt nicht mehr, sich fallen zu lassen. Er sichert mit rationalen Erwägungen sein bewußtes Leben. Die Herzlinie selbst hat einen guten Schwung bis zum Zwischenraum zwischen Zeige- und Mittelfinger, auch wenn immer wieder Zweige, zum Teil mit starker Vehemenz, zur Kopflinie hin tendieren und das Sicherungsbedürfnis zum Ausdruck bringen. Im Lauf der Herzlinie aber wird es überwunden.

Noch eine Linie sollte in diese Aussagen miteinbezogen werden. Es ist die große Parallele, die in der linken Hand die Lebenslinie innerhalb des Venusberges begleitet – eine Angstlinie, die den größten Einstrom von Querlinien aus dem Berg des Daumenballens zurückhält und damit die Triebkräfte nicht zum Du und der Umwelt hin freigibt. In der rechten Hand ist diese Linie aufgelokkert. Vielleicht ist das Zurückhalten der vitalen Impulse nicht mehr nötig, da die Kopflinie eine Wirklichkeitsbezogenheit ermöglicht und sichernde Schranken im Triebbereich aufgehoben werden können.

In der Verschiedenheit beider Hände fällt die Konfliktsituation vor allem im Verlauf der Kopflinie auf. Wieviel Spannungen und Probleme mögen in diesem Menschen ausgelöst worden sein, der aus der Bemächtigung und Verlockung des unbewußten Sogs mit seinen Süchten und Reizen den Weg zur Wirklichkeit – der rechten Hand – fand und seine Hingabefähigkeit im Bild der Herzlinie über die irdische Befriedigung hinaus dem Zug des Geistigen öffnete.

Betrachten wir die Herzlinie der rechten Hand genau, so können wir sehen, daß sie in ihrem ursprünglichen Verlauf der Kopflinie entsprechend mit einer Verzweigung endet. Unter dem Saturnbereich aber spaltet sich ein anderer Zweig ab und nimmt die Richtung zum Jupiterberg hin. Am Ende führt ein Parallelast diese Abzweigung weiter und endet im obersten Bereich. Diese Verästelungen, die einen kleinen Zwischenraum zur Grundlinie freilassen, zeigen die immer erneuten Ansätze, die den Aufstieg zu einer Ichübersteigung begleiten. In solchen Linien ist ein Willensakt zu erkennen, der aber wieder erlahmt, wenn der Einsatz nachläßt und die kleineren Zweige langsam schwinden oder sich der Zwischenraum zur Hauptlinie erweitert.

Solche kleinen Veränderungen, die aber Gewichtiges aussagen, entstehen aus der Möglichkeit der freien Entscheidung, die dem Menschen gegeben ist.

c) Kreuz der Entscheidung

Das Kreuz der Entscheidung, das in der Hand angelegt ist, wird von Kopf- und Schicksalslinie gebildet. Die Bedeutung der Kopflinie wurde schon aufgezeigt, wenn auch nicht im Zusammenhang mit dem Kreuz, während die Schicksalslinie erst in diesem Zusammenhang Gewichtigkeit gewinnt.

Die Schicksalslinie hat verschiedene Ausgangspunkte und Endungen. Am positivsten sind ihre Angaben über den Schicksalsweg eines Menschen, wenn sie aus der Mitte zwischen Venus- und Mondberg aufsteigt in einem Ort, den man als Ort des Ursprungs bezeichnen kann. In manchen Händen ist er erhöht. Wenn die Schicksalslinie aus dem Ursprung des Lebens heraus tritt, ist der Mensch an Tradition und Heimat gebunden und in seiner Erbmasse verwurzelt. Er verlangt nach einem klaren Lebensweg und einer realen Verwirklichung seiner Anlagen und Möglichkeiten in einer praktischen Leistung oder einem geistigen Werk, entsprechend der Form seiner Hand. Wenn eine solche Linie bis hinauf zum Saturnberg führt, liegt über dem Leben des Betreffenden das „Du sollst" der Verpflichtung und Verantwortung.

Daß diese lange Vertikale Schicksalslinie genannt wird, könnte zu der irrtümlichen Auffassung führen, als gäbe es ein gesondertes Zeichen in der Hand, aus dem man das Schicksal eines Menschen klar ersehen kann. Schicksal aber ist keine feste Bestimmung oder ein Geschehen, das auf den Menschen eindringt, ohne daß dieser in irgendeiner Weise daran mitwirkt. Es entsteht vielmehr aus Spannungen und Auseinandersetzungen, aus Fehlhandlungen, durch Unterlassungen oder aus unkontrollierter Getriebenheit und wird sich in dem Rahmen vollziehen, der durch Anlage und Bestimmung, durch den typischen Grundcharakter oder durch persönliche Möglichkeiten, also durch Aussagen der Außen- wie Innenhand vorgezeichnet ist.

Die Schicksalslinie kann nur Hinweise auf ein Schicksal oder auf schicksalsauslösende Gegebenheiten enthalten, die zur Entwicklung und Selbstverwirklichung führen oder ein Versagen auf diesem Weg anzeigen.

Die Schicksalslinie ist zwar nicht die den Innenraum der Hand in zwei Seiten teilende große Vertikallinie, sie hat aber manchmal den gleichen Verlauf, und sie entspricht dieser in ihrer Grundbestimmung. Denn sie sammelt – bildhaft gesprochen – die verschiedenen Antriebe, die als Linien aus dem Ich- oder Du-Bereich in sie einströmen, und trennt zugleich die aktive von der passiven Seite. Eigene Erlebnisse treffen mit den Ereignissen aus der Umwelt im Ausdrucksfeld der Schicksalslinie zusammen und verdichten sich in ihr. So ist sie Bild des persönlichen Weges, auf dem der Mensch, sich lösend von dem Befangensein in seiner Natur, die Sphäre bewußter Lebensgestaltung durchschreitet und emporsteigt zum Leben im Geistigen, in dem er verbindet oder auseinanderhält, was seiner Selbstwerdung zusteht und was Welt und Mitmensch von ihm fordern.

In diesem Sinn ist die lange, von unten aufsteigende große Mittellinie auch Zeichen einer selbständigen Persönlichkeit, die ihre ausgeprägte Eigenart entwickelt und den Lebensweg in einer ganz bestimmten Richtung geht. Mündet sie in einen entwickelten Saturnberg ein, so ist die seelische Kraft zur Verantwortlichkeit vorhanden. Der Mensch wird seinen inneren Weg ernst nehmen und seine Kräfte auf ein Ziel hinlenken. Das Triebhafte des unteren Raums wird ihm zum geistigen Antrieb.

Beginnt die Schicksalslinie auf dem Mondberg und steigt aus diesem empor, dann spielen Phantasien und Wunschträume eine Rolle in der Erfüllung des persönlichen Auftrags, dessen Zielsetzung vom Unbewußten mitbestimmt wird, und Erlebnisse aus der Umwelt gewinnen Einfluß auf den Schicksalsweg. Die Schicksalslinie wird in vielen Händen aus der Lebenslinie aufsteigen als Zeichen, daß aus eigener Kraft das Leben aufgebaut wird und nicht der Hilfe anderer bedarf.

Noch andere Ausgangspunkte der großen Vertikalen können den Schicksalsweg eines Menschen sinnbildhaft darstellen. Aus dem Marsbereich emporsteigend, bezeichnet sie einen mühsamen Weg, der zu Auseinandersetzungen führt, aber auch die Bereitschaft, sich den Problemen zu stellen. Je höher der Beginn in der Hand liegt, um so bewußter muß das Geschehen gestaltet werden, das den Menschen in die Verantwortung stellt, auch wenn er eine lange Zeit Entscheidungen ausgewichen ist.

Das Ende der Schicksalslinie kann auf verschiedenen Bergen liegen. Sie prägen ihren Einfluß dem Schicksalsweg ein. Die natürliche Endung liegt auf dem Berg unter dem Mittelfinger. Denn hier, im Saturnberg, wartet die Weisheit des Alters auf den Menschen, der seine Aufgabe pflichtgetreu und ernsthaft erfüllt hat. Verwirrungen am Ende der Linie aber besagen Unruhe und Wirrnisse, die den Weg zur Reifung erschweren.

Die Schicksalslinie sollte nicht zu tief in die Hand eingezeichnet sein, sondern sich durch einige Neuansätze oder Nebenlinien auflockern, damit die Last des Schicksalswegs nicht zu schwer wird. Auch zeigen sich in der überstark ausgeprägten Schicksalslinie Schuldgefühle. Man ist eingeengt in einen Zwang und einem „Über-Ich" verpflichtet, das jede freie Lebensäußerung beeinträchtigt. Fehlt in einer Hand die Schicksalslinie, dann besteht die Gefahr, daß die vorhandenen Kräfte nicht konzentriert werden und man sich aus Oberflächlichkeit und Leichtsinn der Verantwortung seinen Aufgaben gegenüber entzieht.

Ohne einen festen Standpunkt und ohne geistige Zielsetzung richtet sich der Weg eines Menschen nur nach eigenem Gutdünken, wobei man den Schwierigkeiten problemlos ausweicht. Damit entzieht sich der Betreffende auch seiner Aufgabe als Mensch, der auf ein verpflichtendes Werk ausgerichtet ist. Diese Haltung drückt sich in einer Schicksalslinie aus, die nicht bis zum Berg unter dem Mittelfinger hinaufführt, sich also bildlich nicht der Verantwortung stellt. Je bewußter ein Mensch lebt, um so mehr wird er seine Aufgaben ernst nehmen und unter einem Versagen leiden. Es braucht sich gar nicht um eine große Leistung oder Verpflichtung zu handeln, auch ein Geringes, das mit Zuverlässigkeit und Pflichttreue, also mit Treue im Kleinen ausgeführt wird, beweist ein verantwortungsbewußtes Verhalten.

Man kann sich einen Menschen vorstellen, der eine lange Schicksalslinie in der linken Hand der Anlage hat zusammen mit einer tief in den Mondberg hinabfallenden Kopflinie. In ihm symbolisiert sich ein unausgeglichenes Schwanken zwischen Pflichterfüllung und einem trägen Sichfallenlassen. Es ist für diesen Menschen schwer, sich bewußt diesem Problem zu stellen und eine Entscheidung zu vollziehen, die nicht von einem falschen Verantwortungsbewußtsein oder einem zwanghaften Schuldgefühl belastet ist.

Eine ähnlich schwere Entscheidung erfordert die Hand auf Abb. 22, deren Schicksalslinie durch eine große Insel der wenig klaren und konzentrierten Kopflinie verläuft. In diesem Bild dreht sich der Mensch ausweglos um sich selbst, und da auch ein Zweig der Herzlinie mit einer gleich langen Insel auf den Beginn der

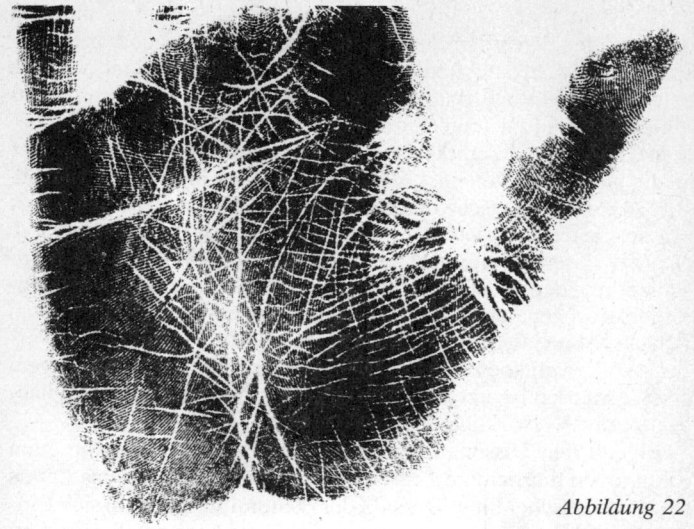

Abbildung 22

Kopflinie drückt, wird die Entscheidung zu einer verantwortlichen Sinngebung des Lebens kaum gefällt werden. Hinzu kommt der von durcheinander laufenden Linien stark verwirrte Saturnberg, der den Weg zur Verwirklichung geforderter Aufgaben kaum frei geben wird. So werden Gegebenheiten und Forderungen nicht verarbeitet und das Schicksal nicht gemeistert.

Ein solcher, durch seine Anlage belasteter Mensch kann schwerlich Entscheidungen treffen; dennoch gibt es eine Lösung. Der Zweig der Herzlinie, der aufwärts in der Richtung zum Jupiterberg hin führt, könnte ein wenig fortgeführt werden als Zeichen der Hingabe, in der die Problematik dieser Hand ihre Lösung fände. Dies aber kann nur in einem Raum des Glaubens und Vertrauens geschehen.

Eine Schicksalslinie, die aus der Lebenslinie aufsteigt, ist gehaltener als die aus dem Mondberg ausgehende. Schicksalhaftes Geschehen prägt ein solches Leben, das nicht bereit ist, sich von der vorbestimmten Richtung und Verantwortlichkeit zu lösen.

Man kann aus der Schicksalslinie keine Einzelheiten über das Geschehen herauslesen, das den Menschen treffen wird. Das Kreuz der Entscheidung zeigt nur, ob er sich dem Schicksal stellen wird oder ihm auszuweichen sucht.

123

Sind Schicksals- und Kopflinie in Länge und Verlauf harmonisch aufeinander abgestimmt, so daß ein Kreuz mit tragenden Balken erkennbar wird, dann hält der Mensch nach oben und unten, nach rechts und links ein harmonisches Gleichgewicht und vermag anzunehmen und zu tragen, was ihm auferlegt ist.

Ist dagegen die Schicksalslinie klar und ohne zu große Schwere in die Hand eingezeichnet, die Kopflinie aber nach unten fallend, dann wird der Mensch versuchen, jedem schicksalhaften Ereignis auszuweichen und diesem als Belastung und Zwang zu entfliehen. Auf der anderen Seite wird eine Kopflinie, die ohne zu harte Einschneidung den Marsbereich erreicht, die Bereitschaft zu Auseinandersetzungen ausdrücken. In einer schwach gezeichneten Schicksalslinie aber findet sie nicht den Auftrag, eine verantwortungsvolle Aufgabe zu übernehmen oder ein Werk zu vollbringen. Dieser Mensch besitzt mehr Anlagen zur Gestaltung als Möglichkeiten der Verwirklichung.

Bei solchen Dissonanzen wird es schwer sein, in bestimmten Situationen die richtige Entscheidung zu treffen, aber das Leben verlangt Entscheidung: Denn in der Handmitte sammeln sich Eindrücke und Einflüsse von oben und unten und von den beiden Seiten. Wenn die Probleme und Fragen nicht gelöst werden, erhalten sie eine Intensität, die schicksalhafte Ereignisse nach sich zieht. Im Bild der Hand dringen Linien aus der aktiven Ichseite und aus der passiven Du- und Umweltseite in die Schicksalslinie ein. Es können auch Zweige von der Schicksalslinie abfallen oder aufsteigen. Diese Linien und Zweige sind als Verwirrungen oder positive Einflüsse zu deuten und als störend oder aufbauend zu werten. Jede Unterbrechung und Durchbrechung ist ein Zeichen, das verletzt oder aufbaut. Darüber hinaus kann aus der Lage der Linien erkannt werden, ob es sich um eine Kraftzufuhr oder einen Mangel handelt und in welchem Bereich diese auftreten. Am Anfang der Kopflinie beziehen sich die Aussagen auf den Bereich der aktiven Impulse, am Ende auf die Forderung der Welt.

Der untere Teil der Schicksalslinie, der aus dem Ursprung aufsteigt, drückt Probleme aus, die an die Herkunft gebunden sind, der obere den Aufstieg zur Verwirklichung und Leistung. Eine klare Kopflinie zeigt im Kreuz der Entscheidung die bewußte Gestaltung der Kräfte, die dem Leben im schicksalhaften Geschehen eine bestimmte Form aufprägt. Im Bild der gut gezeichneten Schicksalslinie werden die vorhandenen Möglichkeiten und Anlagen der Konzentration und Umsetzung zugeführt.

Im Kreuz der Entscheidung sind, wie überall in der Hand, nur

Möglichkeiten und Anlagen ausgedrückt. Man darf auch nicht jedes Zeichen für sich allein werten. Immer wieder sei darauf hingewiesen, daß sich in der Hand ein Kräftespiel äußert und daß die Kunst des Handlesens darin besteht, die Zeichen in ihrem dynamischen Verlauf abzuwägen und den ganzen Menschen wahrzunehmen, nicht eine Einzelheit isoliert zu betrachten. Die Erkenntnis des Menschen nach Aussagen der Hand betrifft ihn in seiner Ganzheit, nicht in einzelnen Funktionen oder Teilen.

Es gehört zur Lebensaufgabe des Menschen, daß er sich entscheiden muß, auch wenn dies nicht nach freiem Ermessen geschehen kann, sondern nach dem ,,Gesetz", nach dem er angetreten ist und das unter dem Zeichen des Kreuzes steht.

Eine von Linien nicht übermäßig belastete Hand mit einem klaren Kreuz der Entscheidung wird sich ihrer Anlagen und Fähigkeiten bewußt. Der Mensch erkennt seine Aufgabe und Bestimmung und reift zur Selbsterkenntnis. Für ihn wird die schicksalhafte Auswirkung eines Geschehens nicht das äußere Ereignis an sich sein, sondern die innere Bereitschaft, mit der es in allen Konsequenzen angenommen wird. Ist eine Innenfläche von vielen durcheinander laufenden kleinen Linien durchzogen, wird eine Konzentrierung der Hauptkräfte fehlen und die Selbsterkenntnis durch verschiedenste Ausweichmöglichkeiten verhindert. Hierin zeigt sich auch das Unvermögen, den Einbruch des Schicksals zu verstehen und eine mögliche Veränderung des bisherigen Lebens durch einen bewußten Entscheidungsakt einzuleiten.

Häufig ist schon aus dem Aufbau und der Zeichnung einer Hand abzulesen, ob sich ein Mensch und mit ihm das Bild seiner Hand zu verändern vermag. Ebenso läßt sich erkennen, ob der Mensch die Möglichkeit nützt, sich mit seinem Schicksal auseinanderzusetzen. Am wenigsten ändert sich das Bild der Linien und Berge in einer unnachgiebig starren Hand von harter Konsistenz und spatelförmigem oder eckigem Einschlag. Denn die festgelegte unlebendige Haltung eines solchen Menschen läßt zu wenig Wandlungsmöglichkeiten und Erlebnisbereitschaft erkennen. Ein starrer Mensch kann leicht verbittern oder resignieren. Dagegen werden in einer gelockerten Hand mit einem gut entwickelten Venusberg und klarer Schicksalslinie und Kopflinie genügend Aktivität und Einsatzbereitschaft vorhanden sein, um sich bewußt einem schicksalhaften Geschehen zu stellen. Das Linienbild einer solchen Hand wird schon durch kleine Veränderungen eine Umgestaltung des Lebens und des Schicksals zum Ausdruck bringen.

Bei diesen Aussagen ist der Daumen miteinzubeziehen. Ein

125

schwach entwickelter Daumen zeigt wenig Möglichkeit zur Verantwortung und Entscheidung, ein großer breiter Daumen aber stellt das Ich mit seinem spontanen Willensimpuls so stark in den Vordergrund, daß es sich kaum durch Erkenntnis oder Erfahrung von seiner Daseinsbehauptung zurückdrängen läßt.

Das Kreuz der Entscheidung allein macht keine Aussagen über die tatsächliche Bewältigung des Schicksals. Die Entscheidung hierüber liegt im Wesen des Menschen, im Raum der Freiheit, die keine Signatur mehr zum Ausdruck bringen kann.

Im Marsbereich der aktiven Entscheidung auf der Ich-Seite und dem passiven Gefordertsein auf der Du-Seite steht der Mensch in der Erde verwurzelt, den Kopf aufwärts erhoben, im Schnittpunkt seines irdisch-geistigen Lebens, im Kreuz, das seinem Menschsein eingeprägt ist. Je symmetrischer die Kreuzbalken sind, um so klarer zeichnet sich ab, daß er Bürger ist zwischen Himmel und Erde und der Entscheidung nicht entrinnen kann, die im Zeichen der Schicksalslinie die menschliche Entwicklung erkennen läßt.

5. Besondere Beispiele

a) Der Verstandesbetonte

Um denkerische Fähigkeiten in Zeichen der Hand zu erkennen, muß zuerst geklärt werden, was unter Denken zu verstehen ist.

Die Leistung des Denkens besteht darin, daß Bewußtseinsinhalte erfaßt, verarbeitet, gedeutet werden und daß der Mensch Beziehungen und Sinnzusammenhänge selbständig herzustellen vermag. Beim Denken ist primäre Voraussetzung das Erfassen einer Bedeutung und die Gabe der Abstraktion. So ist es verständlich, daß die Denkzone in der Mitte der Hand liegt, dort, wo die Triebimpulse und kollektiven Vorstellungen – der untere Bereich –, die das konkrete, praktische Denken befruchten und verwurzeln, aufgenommen und gesichtet werden können. Die Sinnbezüge und Wertsetzungen, die das Denken begrifflich einordnen und unterbauen, werden im Bild der Hand aus dem Bereich oberhalb der Kopflinie aufgenommen.

Handelt es sich um selbständiges Denken, ist eine schöpferische Produktivität notwendig, die als Einfall oder Intuition aus dem unbewußten Bereich, dem erhöhten Mondberg, aufbricht. Fehlt eine solche Intuition, dann vermag das Denken zwar von großer Klarheit und Folgerichtigkeit zu sein, aber es wird ihm an Originalität fehlen. Es gibt aber auch ein kreatives Denken, das im Verarbeiten sowohl von Anregungen und Eindrücken liegt wie auch im Verwandeln oder Sublimieren von Erlebnissen, die durch Bewußtwerdung auf eine höhere Ebene gehoben und sinnvoll gestaltet werden. Hierbei wird die Schicksalslinie den Weg zur Verwirklichung und Verarbeitung anzeigen.

Ein klares, vorurteilloses Denken kann nur vorhanden sein, wenn die Gefühle sich nicht subjektiv in den Denkakt einmischen und zu starke Wünsche das Überlegen und Sichten belasten.

Im Bild der Hand wird dies offensichtlich durch eine Kopflinie, die nur wenig nach unten gebogen ist und einen klaren Verlauf hat. Durchquert sie die Hand in ausgeprägter Weise bis zum gegenüberliegenden Rand hin, dann wird der Versuch gemacht, den anderen zu überreden und seine Meinungen zu überrollen.

Jede gutgeschwungene und wenig verwirrte Kopflinie läßt die Kraft und den Willen zur Entscheidung erkennen und den bewußten Einsatz der Impulse und Willensregungen.

In der Hand des sachlich denkenden Menschen sollte auch die Lebenslinie kräftig sein und den Venusberg umschließen. Sie gibt Aufschluß, ob der Verstand von vitalen Kräften unterstützt und durchpulst ist. Denn erst die aus den Triebkräften hervorquellende Dynamik verleiht dem abstrakten Denken die Anschaulichkeit, die es lebensnah zu machen vermag.

In der Hand eines bekannten Schriftstellers (Abb. 23) ist dieses

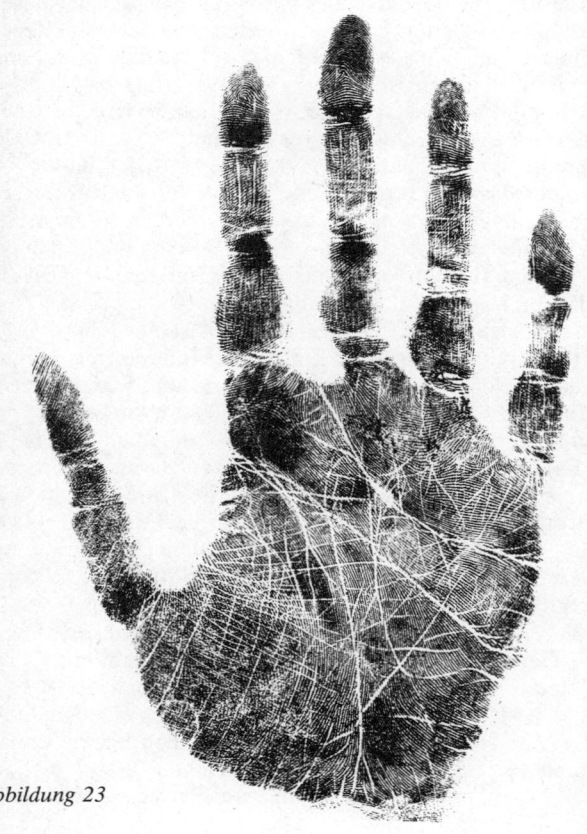

Abbildung 23

Zusammenspiel von Lebensfülle und Denken in vollkommener Weise vorhanden. Denn die Lebenslinie umkreist den Venusberg und läßt ihm einen weiten Raum zur Auswirkung. Mit einem Zweig vollendet sie im untersten Teil ihres Laufes diese Umfassung, während sie selbst in einem Raum endet, der den Beginn der in Abb. 2 eingezeichneten großen Vertikalen bildet, den Raum des Ursprungs, des heimatlichen Erbes, der Tradition.

Die Kopflinie schwingt in einem harmonischen Verhältnis zu der Herzlinie, die dem oberen Teil der Hand einen großen Raum läßt. Da auch die Merkurlinie vom Kleinen Fingerberg herab vorhanden ist und einen sehr klaren Ausdruck hat, ist dieser Mensch bereit, seine Gedanken dem geistigen Anruf zu öffnen und aus der Transzendenz Anregungen und Eindrücke zu empfangen, die er in sein Denken hineinnimmt und in aufgeschlossener Weise zu beurteilen und einzuordnen vermag.

Eine starke Kommunikationsfähigkeit zeichnet sich im Bild von Kopf-, Herz- und Merkurlinie ab und eine Liebesfähigkeit, die im Denken, Wollen und in den Lebensentscheidungen dieses Künstlers eine wesentliche Rolle spielt, sich aber im besonderen auf einer höheren Stufe als der vital triebhaften auswirken wird.

Die große Länge der Kopflinie betont die Intensität des Verstandes, zeigt aber auch die Problematik dieses Lebens an. Am Anfang ist sie zu lange mit der Lebenslinie verbunden; diese reißt sich erst in einem zweiten Ansatz von ihr los. So müssen Schwierigkeiten in der Jugend und ein starkes Abhängigkeitsgefühl von einem Elternteil – oder auch von beiden – Anlaß für eine mühsame Lösung des Denkens und Wollens aus triebhafter Verstrickung gewesen sein. Nachdem aber einmal dieser Absprung in die Unabhängigkeit des Denkens und in die bewußte Entscheidungswilligkeit vollzogen wurde, ist der Lauf der Kopflinie, im Bild gesprochen, nicht mehr aufzuhalten. Die Kopflinie durchquert die ganze Hand und läßt auch am äußersten Rand keinen Raum mehr für Umwelt und Du frei. Wäre die Kopflinie gerade und hart in die Innenfläche eingeprägt, so müßte dieser Verlauf als ein Zeichen von zwanghafter Beeinflussung des anderen und Vergewaltigung in der Auseinandersetzung mit der Welt gewertet werden.

In dieser Hand ist zwar eine große Mächtigkeit des Denkens und der Drang gegeben, den eigenen Willen dem Du aufzuprägen, aber dies soll nicht in einer harten sachlichen Weise geschehen, sondern um einer transzendenten Idee, um eines geistigen Auftrags willen. Dies läßt die Herz- und Merkurlinie erkennen, und der leichte Abwärtsschwung der Kopflinie bestätigt es. Erst die

Einbeziehung mehrerer Aussagen dringt in das Wesen des Menschen ein, der in einem solchen Handbild der Welt und dem Du wohl seine Gedanken aufdrängen will, doch nicht um eigener Vorteile oder Machtansprüche willen, sondern zum Einsatz für ein höheres Ziel, auf das sein ganzes Wesen hintendiert.

Werden die Finger in dieses Handbild hineingenommen, so sagen sie in ihrer konischen Endung aus, daß es sich um einen empfangsbereiten Menschen handelt, der bereit und offen ist für Einflüsse aus der Transzendenz. Das Seelisch-Geistige aber, unter dessen Anruf er sich stellt, und das in der Innenfläche von dem guten Schwung der Herzlinie unterstrichen wird, verflüchtet sich nicht in Illusionen oder abstrakten Theorien. Die Kopflinie zeigt die gute Beziehung zur Wirklichkeit und zu gegebenen Situationen und drückt den Willen aus, Entscheidungen zu treffen und sich sowohl mit dem Du und der Welt wie mit den eigenen Ideen auseinanderzusetzen.

Die zum Saturnbereich führende Schicksalslinie entspringt aus dem oberen Mondberg als Zeichen, daß die Eindrücke aus dem Unbewußten gehoben und der Verwirklichung zugeführt werden.

In der Hand dieses Schriftstellers finden wir typische Merkmale eines denkenden und zugleich aufnehmenden Menschen, der geistige Verantwortung zu tragen bereit ist und über die Kraft der Gestaltung verfügt. So wird er zu dem stehen, was er sagt, und das Wort, das er spricht, wird gewichtig sein. Aus den Zügen seiner Hand aber können nicht verallgemeinernd Schlüsse auf den Schriftsteller an sich gezogen werden. Denn es gibt vielerlei Gründe, aus denen heraus ein Werk gestaltet wird, und nicht immer tritt eine solche starke Verantwortung hervor.

Innere Spannungen und unbewältigte Probleme, eigene Lebenserfahrungen oder äußere Situationen, Gelebtes oder Erfahrenes können zum künstlerischen Schaffen drängen. Doch ebenso gut können Begabungen brach liegen bleiben, wenn der Mensch sich zu sehr zersplittert oder sich seiner Verantwortung den kreativen Möglichkeiten gegenüber, die ihm zur Verfügung stehen, entzieht.

Man kann also nicht von einer bestimmten Begabung sprechen, die der Mensch zum Ausdruck bringt, sondern nur von den Anlagen, die ihm gegeben sind und die im Bild der Hand ihren Niederschlag finden. Insbesondere ist nicht ein bestimmtes Zeichen für diese oder jene Begabung festzulegen. Vielmehr müssen wir den ganzen Menschen betrachten, um zu erkennen, welcher Weg der seinen Anlagen und Fähigkeiten gemäße ist und ihn in seiner seelischen Reifung und geistigen Entwicklung fördert.

Bei der eben besprochenen Hand ist es vor allem die Sehnsucht, das Raum-Zeitliche zu transzendieren, das diesen Menschen zu einem Schriftsteller werden ließ. Sein guter, klarer Verstand hätte ihn auch zu einer anderen Tätigkeit führen können, und sicher würde er einen großen Einfluß ausüben und eine große Machtposition erreichen, wenn er materiell und ichbezogen eingestellt wäre. Solche Möglichkeiten sind in seiner Anlage gegeben. Aber niemals wäre das Seelisch-Geistige hierbei zu seinem Recht gekommen. Dies aber ist der stärkste Zug in seinem Leben, und die Harmonie, die aus seiner Hand spricht und die auch ohne Deutung der Zeichen in Erscheinung tritt, bezeugt, daß trotz seiner Problematik und der Schwere mancher Auseinandersetzungen das künstlerische Werk seine gültige Antwort war auf einen geistigen Anruf, dem er sein Denken und Wollen ebenso wie sein Herz zur Verfügung stellte.

b) Der Gefühlsbetonte

Die Herzlinie spielt eine wesentliche Rolle bei den Aussagen über das Gefühlsleben eines Menschen. In ihr drücken sich die seelischen Kräfte der Liebe aus, die über eine rein sinnenhafte Befriedigung hinausgehen. Der liebende Mensch meint das Du, in welcher Form auch immer, das er in sein Herz hineinnimmt und einer nicht nur raum-zeitlichen Vereinigung und Erfüllung zuführt. Darum beginnt die Herzlinie symbolhaft auf der Du-Seite der Hand und schwingt zum Jupiterberg hinauf, um sich emporzuheben über den Raum der begrenzenden Innenfläche, dorthin, wo der Bereich des Himmelsgottes Jupiter im mythologischen Bild verkörpert wird.

Die Aussagen der Herzlinie beziehen sich auf eine höhere Ebene als die der Lebenslinie und des Venusberges, den diese umkreist, und doch sind die Triebe, die sich im Daumenballen sammeln wie die Dynamik und Lebensfülle einer gut geschwungenen Lebenslinie notwendig als Antriebskräfte auch für eine dem Seelisch Geistigen zugeordneten Liebe und geben dieser fruchtbare Verwurzelung. Die Betonung allein des Venusberges würde in einer materiellen Hand nur das Verlangen nach einem genußvollen Leben ausdrücken, in dem der andere das Objekt einer Lusterfüllung ist.

In einem von Linien durchkreuzten Venusberg ist die Sinnenhaftigkeit differenzierter, und die dynamischen Impulse werden
nicht hemmungslos nach Verwirklichung drängen, während in
einer zum größten Teil linienlosen Erhöhung die Triebkräfte sich
zusammenballen und zum Ausbruch drängen. Gemeinsam mit
einem erhöhten großen Marsberg kann hier auf eine starke
Aggression geschlossen werden.

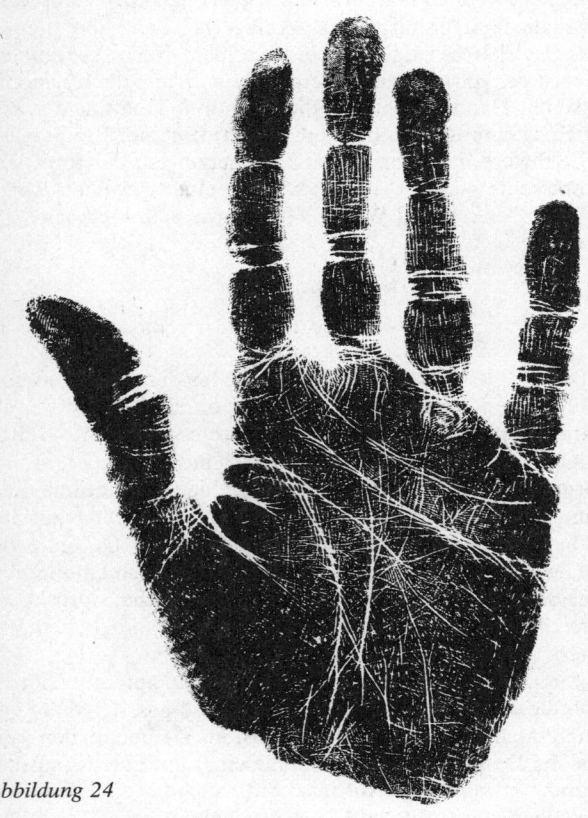

Abbildung 24

In einer männlichen Hand (Abb. 24) bekommt die Herzlinie
ein besonderes Gewicht, weil sie von einer Parallelen begleitet und
durch diese verstärkt wird. Die ursprüngliche Herzlinie läßt dem
oberen Raum eine große Auswirkungsmöglichkeit als Zeichen

132

einer aufgeschlossenen Geistigkeit und seelischen Aufnahmebereitschaft. In ihrem Verlauf aber ist sie zu lang und kraftlos. Dies drückt einen Mangel an Schwung und Auftriebskraft aus, der die Sehnsucht nach einem Höhenflug der Liebe herabdrückt und belastet. Die Linie hält sich im Ichraum auf der aktiven Handseite auf und beharrt dort, anstatt sich emporzuschwingen, über sich selbst hinaus. Dies wird zu einem Besitzwillen im Raum der Liebe führen und zu einem eifersüchtigen Inanspruchnehmen des geliebten Menschen, dem keine Freiheit über den Eigenraum hinaus – das aber wäre Liebe – gelassen wird.

Die Parallele, die die Herzlinie überlagert und begleitet, versucht ein wenig den Schwung zu übernehmen, der nach aufwärts führt, aber es bleibt eine müde, in sich selbst versackende Schwingung, auch wenn diese Linie weit in den oberen Handbereich hinaufführt. Ihre Endung liegt zwischen dem Jupiter- und Saturnfinger und läßt damit den Jupiterberg einen ausgeprägten eigenen Raum. Auch hier wird erneut offensichtig, daß sich das Ich nicht zurückzieht in einem noch so spontanen Akt der Liebe.

Im Bild der oberen, zweiten Herzlinie suchen die Seelenkräfte des Herzens Aufnahme in einem höheren Bereich, aber dieser Versuch mißlingt häufig und wird in dem obersten Handraum leicht von einer abstrakten Idee abgezogen. Diese meint, in einem geistigen Raum, eine „Liebe" von fast glasklarer Reinheit leben zu können, in der keine Sinnlichkeit, aber auch keine erotische Schwingung die Möglichkeit der Auswirkung findet.

Wenn man die Außenhand in diese Betrachtungen miteinbezieht, dann lassen die Knöchel an den Fingern und ein schmales unteres Fingerglied, das sich dem Stofflichen entzieht, erkennen, daß es sich um einen Menschen handelt, der abstrakt denken und philosophische Erkenntnisse verwerten kann. Im Bereich der Liebe wird eine solche Abstraktion eher zur Gefahr. Denn die zwei Herzlinien beweisen, daß eine Vergeistigung, die des Stoffes kaum noch bedarf, kaum lebbar ist und zum Problem werden muß. Besonders auffallend ist dies in einer Hand, die im Venusberg mit Triebkraft erfüllt ist und eine Kopflinie aufzeigt, die stark in den Mondberg hinabfällt, der das Denken mit Bildern aus dem Unbewußten erfüllt.

Bedeutsam ist die Beobachtung, daß die Lebenslinie, die in einem guten Schwung den Venusberg umkreist, sich auf der einen Seite in diesem verengt, auf der anderen aber, durch einen Zweig in den Mondberg hinein, dem unbewußt Kollektiven zuströmt. Nach diesen Zeichen wird deutlich, daß der untere Raum in diesem

Leben noch eine starke Anziehungskraft besitzt, so daß das Geistige für die natürliche Anlage nicht allein gültig sein kann. Nach der Betonung von Venus- und Mondberg sind sinnenhafte und erotische Kräfte im fruchtbaren Austausch gegeben, doch – und dies ist die Problematik – wird ihr Einsatz im bewußten und seelisch-geistigen Bereich gleichsam abgeriegelt. Einmal durch die Lebenslinie, die auf der Ichseite ihren Eigenraum bewahrt und die Vertikale der Mitte nicht zum Du hin überschreitet, zum anderen durch die Herzlinien, die in ihrer Länge und starken Betonung nach Sublimierung verlangen und keine Verlockungen oder Anreize aus triebhaften und elementaren Bereichen aufzunehmen bereit sind. Ob eine solche Sublimierung auch tatsächlich erreicht wird oder nur in einer abstrakten Theorie steckenbleibt, ist die Frage. Auf dem Weg zur Vergeistigung müßten sich die Gefühle von der Sinnlichkeit lösen und der Anspruch auf das Du, der sich in der ursprünglichen Herzlinie und ihrem geraden Verlauf ausdrückt, müßte sich einer Liebe unterordnen, die keinen Besitzwillen mehr hat. Die Innenfläche wirkt in ihrer Zeichnung harmonisch, so daß sich eine Lösung für die vorhandene Problematik finden läßt, und die Länge des Daumens gibt die Möglichkeit, die unmittelbare und unreflektierte Willenskraft der geistigen Sehnsucht zur Verfügung zu stellen.

Die Gefühlsbetonung, die in dieser Hand hervortritt, bezieht sich auf die seelische Liebeskraft, nicht auf die Befriedigung materieller Triebwünsche oder die Erfüllung eines natürlichen Verlangens, zu genießen und die materiellen Freuden des Lebens sinnenhaft zu erfahren. In der Hand finden sich verschiedenste Zeichen, die für die Bewertung der Gefühlstiefe oder das Fehlen an Gefühlen wesentlich sind. Den ersten Eindruck hiervon gewinnt man schon bei der Betrachtung der äußeren Handform.

Es ist einsichtig, daß eine ovale Hand umfaßt und mit Zärtlichkeit behandelt werden will. Sie ist auf Harmonie eingestimmt und sucht, was ihr wohltut. In ihrer Liebebedürftigkeit kann sie den Partner überfordern, da sie voller Empfindsamkeit auf seine Stimmungen reagiert. Die eckige Handform verbindet ihre gefühlsmäßige Zuwendung zum Du immer auch mit ethischen Maßstäben. Die konisch zulaufende Handform ist dem Du geöffnet, läuft aber Gefahr in ihrem Idealismus, den anderen nicht in seiner Unzulänglichkeit und tatsächlichen Gegebenheit zu sehen, sondern sich ein Idealbild von ihm zu machen und an diesem seine Wirklichkeit zu bemessen. Konische Hände können zart und anschmiegsam sein, aber, vor allem bei schwammiger Konsistenz, in träger Genußsucht den anderen mit sinnlichen Wünschen überschwemmen oder in ihren Sog hineinziehen.

Eine weiche Hand wird sich dem Einfluß der Gefühle stärker öffnen als eine harte oder gespannte. Es müssen bei solchen Beurteilungen auch die Zeichen der Innenhand überprüft werden. Wenn nicht genug Substanz in einem gutentwickelten Venusberg vorhanden ist, die etwa die Gefühle einer konischen Handform „erden" und verwurzeln kann, wird der Betreffende in Unverbindlichkeit oder Sentimentalität der Verantwortung einer echten Gefühlsbindung sich entziehen.

Die große Skala der Gefühle kann hier nicht aufgezeichnet werden. Nur ein Wort noch über die negativen Gefühle wie Neid, Geiz, Eifersucht oder gewaltsame Aggressionen. Meist ist bei solchen negativen Gefühlen, die aus Erregungen, aus Angriffslust, Angst oder Brutalität entstehen, der große Marsberg erhöht und kaum von Linien durchzogen. Die Kopflinie ist hart und gerade, manchmal am Ende aufwärtsgebogen, wenn der Besitzwille ausgreifend wird; die Herzlinie durchquert die Handfläche ohne Aufwärtsschwung, wenn Eifersucht und Neid übermächtig sind, und in einem wenig aufgelockerten hohen Venusberg sammeln sich gewaltsame Zündstoffe zum Angriff, wenn auch das oberste Daumenglied Gewaltsamkeit ausdrückt. Die Äußerungen von Spatelfingern sind besitzergreifender als die der konischen Finger, die aber leicht verletzen können, und die eckigen Finger haben im Negativen eine Neigung zum Quälen und Tyrannisieren.

Wieder wird es nicht nur ein Zeichen sein, auf das sich die Angaben über die Gefühle, im positiven wie negativen Sinn, stützen können. Wird man sich klar, aus welchen Motiven die verschiedenen Gefühle angesprochen oder erregt werden, ist ihr Ursprung und ihre Auswirkungsmöglichkeit zu erfassen.

c) Der Mensch und seine Krankheit

Wie jeder Mensch ein eigenes Leben und seinen eigenen Tod hat, so hat er auch seine eigene Krankheit. Dies bedeutet, daß es sich immer um den ganzheitlichen Menschen handelt, der nicht nur krank am Leib, sondern zugleich auch an der Seele ist.

Würden wir versuchen, für verschiedene Krankheiten ganz bestimmte Merkmale in der Hand aufzuzeigen, so würden wir nicht im anthropologischen Bereich der Handdeutung bleiben, sondern, dem Arzt gleich, eine Diagnose stellen, die Gültigkeit in einer naturwissenschaftlichen Begründung hat. Es können also auch der Hand keine Diagnosen gestellt werden in dem Sinn, daß ein Zeichen, etwa ein Punkt, eine Insel oder eine Unterbrechung diesen oder jenen Krankheitsherd zum Ausdruck bringt, oder sogar etwas über den Tod aussagt. Vielmehr kann die Hand uns in ihrer Sprache nur angeben, wo innerseelische Disharmonien eine Auswirkung im leiblichen Bereich haben können oder wo es in der Veranlagung „Herde" gibt, die leichter entfacht werden als anderswo.

Erfahrungsgemäß kann festgestellt werden, daß Menschen, die wenig kompliziert sind und die Dinge so nehmen, wie sie kommen, oder daß reife Menschen, die eine Krankheit annehmen und innerlich verarbeiten, weniger Hinweise auf Erkrankungen in ihren Händen aufzeigen als andere, die sich mit Problemen auseinandersetzen oder mit Angst, Erbitterung und Erregung dem krankhaften Geschehen gegenüberstehen und, bis in die Tiefen daran leidend, seelischen Reaktionen oder innere Widerstände in Zeichen der Hand zum Ausdruck bringen.

Ohne Berücksichtigung tatsächlicher Krankheitserscheinungen, die für die medizinische Diagnose wichtig sind, sollen hier einige Veranlagungen und Krankheitsdispositionen aufgeführt werden, die aber noch nichts über die tatsächlich eintretende Krankheit aussagen. So hat die ovale Hand eine stärkere Affinität zu Magenerkrankungen, die eckige zu Kreislaufstörungen, die spitz zulaufende zu Störungen der Atmungswege. Dies aber sind nur Möglichkeiten für eine gewisse Anfälligkeit auf körperlichen Gebieten, die mit dem Seelischen korrespondieren, das diese Handformen ausdrücken. Natürlich kommt die Innenfläche der Hand bei der Betrachtung von Krankheitsmöglichkeiten am meisten in Frage, da diese den einzelnen Menschen angehen in seinem persönlichen Leben und auf seinem nur ihm zubestimmten Schicksalsweg. Oft entstehen Krankheiten aus inneren Spannungen, aus nicht gelösten Konflikten, aus einer Disharmonie zwischen innen und außen oder auch aus der Flucht vor Entscheidungen. Auf solche Merkmale muß in der ganzen Hand geachtet werden, wobei die Differenziertheit und Vielschichtigkeit des einzelnen geprüft werden muß.

Ebenso wie es nicht ein Gesundsein an sich gibt, sondern nur den gesunden Menschen, der seine Krankheitsanlagen zu kompensieren vermag, wird der einzelne mit einer Krankheitsdisposition unterschiedlich umgehen und auf seine besondere Weise auf die Krankheit reagieren.

Für jeden Menschen gibt es sensitive Punkte, die auf eine bestimmte Anfälligkeit hinweisen. Einige seien genannt: Ein enger

Zwischenraum zwischen Kopf- und Herzlinie steht im Zusammenhang mit einem zwanghaften Sicherungsbedürfnis und einem Angstgefühl, das innere Bedrängnis anzeigt. Daß sich hieraus eine Disposition zu Asthma oder Angina pectoris entwickeln kann oder diese schon vorbereitet sind, läßt sich unschwer erkennen. Kommen hierzu noch tiefgreifende Schuldgefühle, die aus einer Überbelastung des Saturnbereichs erkennbar werden, dann verdichtet sich diese Aussage.

Eine Belastung des Magentraktes kann abgelesen werden von einer Linienunruhe in der Marsebene, der Handmitte, und einem ebenfalls von Linien stark beunruhigten erhöhten Mondberg. Aus diesen Zeichen ist auf Konflikte und Erregbarkeit zu schließen, die meist verdrängt werden und sich nicht in einer an sich vorhandenen Aggressivität abreagieren können. Überhaupt werden wir durcheinanderlaufende kleine Linien innere Belastungen erkennen lassen, die insbesondere die Nerven in Mitleidenschaften ziehen.

Aus einer gestörten Merkurlinie, die vom Berg des kleinen Fingers in die Handfläche hineinführt, ist auf eine Störung des Ich-Du-Kontaktes zu schließen. Diese betrifft nicht die Beziehung zwischen zwei Partnern, die sich auf der Kopflinie abzeichnet, auf dem Weg vom Ich zum Du, sondern spielt sich im Bereich einer geistigen Kommunikation ab, die sich zwischen Lehrer und Schüler, zwischen Meister und Jünger, zuletzt zwischen dem Menschen und Gott abspielt. Ist ein Mensch seiner Anlage nach auf einen solchen seelisch geistigen Kontakt angewiesen – in einer konischen Handform, in einer guten Herzlinie, oder in der Sehnsucht des Mondbereiches –, dann wird eine schlecht gezeichnete oder wellenförmige Merkurlinie diese nicht verwirklichte Kommunikation als Verfehlung ihres geistigen Auftrages erfahren.

Im Gegensatz hierzu weist die Handfläche in einem erhöhten, von Linien nicht aufgelockerten Mondberg auf Krebserkrankungen. Meist kann man auf diesem unbewegten Berg kleine Papillarlinien unter der Haut verfolgen, die Kreisdrehungen ausführen, aber nicht an die Oberfläche treten. In dem gestauten Berg ballen sich gleichsam unbewußte Kräfte zusammen, kreisen um sich selbst und finden keinen Durchbruch nach außen. Gelingt es dem Menschen, seine gestauten unbewußten Kräfte zu einem fruchtbaren Wachstum zu führen, dann wird sich der Papillarwirbel auf der Haut auflösen, und es werden keine unterschwelligen Kräfte mehr am Werke sein, die innerlich gären und wuchern und vergeblich auf eine Einsatzmöglichkeit im Bewußtseinsraum warten.

Es wäre völlig falsch, aus einem Gären im Unbewußten, das sich im erhöhten, linienlosen Mondberg durch kreisende Papillarlinien ausdrückt, auf ein Karzinom zu schließen. Es müßten in diesem Fall noch andere Räume beteiligt sein, die eine ganz bestimmte Krebserkrankung erkennen lassen. Nur im Körper und in der Seele verwurzelte Ursachen, die sich in Krankheiten ausdrücken können, werden von der Hand angezeigt. Krankheiten, die keinen Widerhall im Seelischen finden, werden sich nicht einzeichnen. Dagegen können Krankheitsmerkmale wieder schwinden, wenn die seelische Ursache ausgelöscht ist.

In der Hand einer jungen Frau zeigte eine in den tiefsten Mondbereich abfallende Kopflinie bei schwacher Vitalität in der Lebenslinie eine körperliche Gleichgewichtsstörung an. Diese aber ließ nach, als die Kranke durch eine ehrliche Selbstbesinnung den Grund ihrer seelischen Unausgeglichenheit und das Abgezogensein in eine Welt unerfüllbarer Träume und Wünsche, die sie immer stärker in ihren Bann zog, erkannte und heilende Kräfte aus einer seelischen Umstellung in den körperlichen Prozeß eingriffen. Im Verlauf einiger Jahre richtete sich die Kopflinie wieder auf und fand ihren Halt im oberen Mondberg. In einem schöpferischen Prozeß wurden die Probleme und damit auch die seelische Ursache des gestörten Gleichgewichtes verarbeitet und überwunden.

Ein Vergleich zwischen der Handfläche einer Frau, die an Depressionen, und einer anderen, die an Schizophrenie leidet, läßt in einer so offensichtlichen Weise die Verschiedenheit dieser Krankheiten erkennen, daß die Beweiskraft der Handaussagen sich schon oftmals bei einer solchen Analyse bezeugt hat. Zuerst die Hand der Depressiven (Abb. 25). Es handelt sich, genau wie bei der Schizophrenen, um einen klinischen Fall, der um der Eindringlichkeit willen gezeigt werden soll, nicht als Richtlinie für eigene Erkrankungen.

In dieser Handfläche fallen besonders die groben breiten Linien auf, die wie eingehämmert wirken. Auch auf den Fingergliedern sind sie hart eingeprägt. Es fehlt ihnen das Bewegte, Fließende. So deuten sie Mangel an Impulsen, Schwerfälligkeit und Gehemmtheit an. Die Eindrücke, die von einem solchen Menschen aufgenommen werden, fixieren sich so stark in ihm, daß er kaum noch ihrem Bann zu entrinnen vermag. Immer ist das Belastende gegenwärtig; es läßt sich nicht auflösen oder verarbeiten. Der Mensch fühlt sich niedergedrückt und ist sich oft der Ursache gar nicht bewußt.

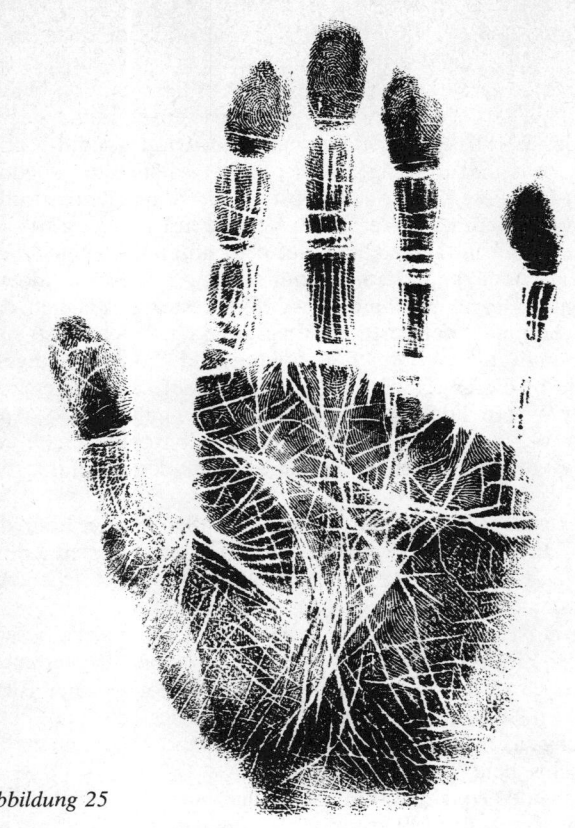

Abbildung 25

Die Lebenslinie der Kranken hat in der Mitte eine langge-
streckte Insel. Sie läßt das Kreisen um sich selbst erkennen, in das
sich diese Frau immer von neuem verstrickt. Die Kopflinie fällt
tief in den Mondberg hinunter. Mit einem langen Ast wird sie in
den Urgrund des Kollektiven herabgezogen, der sie aus jeder konkreten Wirklichkeitsbeziehung und rationalen Überlegung absaugt
und mit einer Bildfülle überschwemmt, aus der sie sich im Zeichen
der vielen kleinen zugreifenden Horizontallinien kaum noch befreien kann.

Die Herzlinie, die mit zwei kleineren Zweigen im Bereich des
Saturnberges auf die Kopflinie herabfällt, endet mit einem anderen

139

knapp unter dem Mittelfinger und steigt mit diesem nach einem mühsamen Weg zum Zwischenraum von Zeige- und Mittelfinger empor. Schon ihr Beginn ist von einer Insel belastet. Die beiden zur Kopflinie herabfallenden Zweige sind wie eine Greifzange, die sich an der Wirklichkeit festklammern will. Die Handmitte zeigt ein verwirrtes und unruhiges Linienbild. Es fehlt ein ruhender Punkt, in dem diese Kranke sich selbst finden kann und nicht umlagert ist von Fixierungen oder durch Vergitterungen – es gibt bildhaft viele Gitter in dieser Hand, auf dem unteren Daumenglied, in der Marsebene, im unteren Mondbereich – in die Welt hineinblicken muß. Der obere Handteil ist der kürzeste, ein Zeichen, daß dieses Leben nicht auf einen geistigen Weg ausgerichtet ist, sondern im materiellen Bereich Erfüllung und Triebbefriedigung sucht, die in dieser schwerfälligen Hand wohl kaum erreichbar sind. Der Weg in die Schwermut liegt hier sehr nah, ebenso zu paranoiden Vorstellungen, die aus dem Mondberg aufsteigen und keine Gestaltungsmöglichkeit in der absinkenden Kopflinie finden.

Im Gegensatz zu dieser Hand ist die Innenfläche einer Frau, deren Krankheitsdiagnose Schizophrenie heißt, von zarten Linien durchzogen (Abb. 26). Sie strömen hin und her, ein Zeichen von Empfindsamkeit und einer inneren Verwirrtheit. In dem Durcheinander der Linien liegt keine gestaltende Ordnung, keine willensmäßige Zielsetzung, nur unruhige Zerfahrenheit. Im gesamten Mondbereich verlaufen die kleinen Linien in horizontaler Richtung und finden keine Möglichkeit des Aufstiegs, das heißt einer Zuordnung zu einem anderen Bereich der Hand, vor allem zu der Bewußtseinsebene im Marsbereich.

Denken und Gestaltungskraft sind abgezogen von der Realität, da sich die Kopflinie in einer breiten sehr langen Insel der Lebenslinie anschließt und sie umgreift. Manche kleinen Zweige wagen noch den Versuch, sich abzulösen aus dieser Umklammerung, aber es gelingt ihnen kaum. Sie macht auch jeden Zugang der Linien aus dem Venusberg in den Dubereich hinein unmöglich.

Die Lebenslinie wird von kleinen Parallelen begleitet und von durchkreuzenden Linien unterbrochen, die einen Auflösungsprozeß aufhalten wollen, dies aber nicht vermögen. Zu stark wird diese Frau, die keine Zuwendung zum Du und der Umwelt hat, von der Triebhaftigkeit des Venusbereiches bedrängt, gegen die sie keine Gegenkräfte einzusetzen vermag. Die Diagnose der sexuellen Verwahrlosung im Krankheitsbild der Schizophrenen ist von dieser Lebenssituation her zu verstehen.

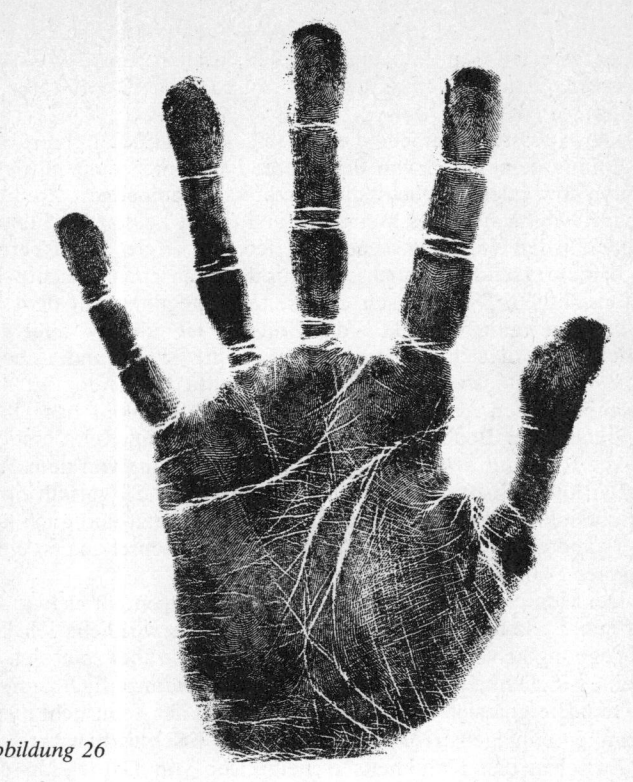

Abbildung 26

Die einzige Linie, die sich, bildhaft gesprochen, in dieser Innenhand frei zu bewegen vermag, ist die Herzlinie in ihrem Schwung zum Jupiterberg hin. Man könnte hiernach auf einen liebesfähigen Menschen schließen, der in seiner seelischen Offenheit eine Kompensierung für die Schwere der belastenden und einengenden Veranlagung findet. Doch dieser Eindruck trügt. Schon unter dem Apollofinger sackt die Herzlinie nach unten ab. Sie macht den Eindruck einer geöffneten Schale, die darauf wartet, gefüllt zu werden. Diese Erwartung bedeutet einen Stillstand, den die eigene Liebesfähigkeit nicht zu überbrücken vermag. Die Gefühle lassen nach, und es bedarf eines anderen, der den Strom der Hingabe wieder in Fluß bringt. Daß die Herzlinie dennoch weitergeht, geschieht nicht aus einer dynamischen Seelenkraft, sondern ist ein

141

Auslangen nach einer Hilfe, das sich in vielen kleinen Ansätzen – den Zweigen – kundtut, und vielleicht durch die Liebe eines Mitmenschen Erfüllung einer bewußt nicht ausdrückbaren Sehnsucht empfangen könnte.

Deutlich ist die Sprache dieser Linie, aber da sich Lebens- und Kopflinie gemeinsam von dem oberen wie auch dem mittleren Raum abwenden, erscheint die Herzlinie einsam, abgespalten von dem Bewußtsein dieses Menschen und findet keinen fruchtbaren Boden in den eingeschlossenen Antriebskräften des Venusberges.

In dieser Hand wird noch etwas für den Menschen Wesentliches offensichtlich. Der Mensch, der keine Begegnung mit dem Du vollziehen kann, versackt – das Bild der Herzlinie –, oder verstrickt sich in sich selbst – die Insel, die Kopf- und Lebenslinie bilden –, so daß auch eine bewußte Beziehung zu dem eigenen Wesen nicht gegeben ist. Jede Möglichkeit des Überschauens oder Bedenkens einer Situation wird im Keim erstickt, da die Kopflinie schon bald nach ihrem Ursprung von dem Weg zur wirklichkeitsbezogenen Welt abgezogen wird. Sie verfällt einem Triebdenken, das keine eigene Urteilskraft besitzt und auch kein Verständnis für die Anforderungen, die dem Menschen erst einen eigenen Standpunkt ermöglichen.

Der Mensch vermag in einer solchen Abgezogenheit nicht in das Offene, Freie herauszutreten, in dem erst eine wirkliche Ich-Du-Begegnung sich entfalten kann. In der Herzlinie aber zeigt sich die kleine Möglichkeit, daß in einem nicht mehr raumzeitlich zu fixierenden Ereignis sich die Hand eines anderen der Sehnsucht dieser Kranken entgegenstreckt, die ein inneres Erlebnis bewirkt.

Zwischen den Krankheitserscheinungen von Depression und Schizophrenie liegen noch vielfältige Gefährdungen des Menschen, die sich in einer Herzlinie zeigen können, die auf den Beginn der Kopflinie ausgreift oder in einer gespaltenen Kopflinie, ebenso auch in anderen Zeichen der Hand. Wenn die Menschen solcher Hände sich überfordern oder ihre innere Ausgeglichenheit verlieren, werden seelische Störungen ausgelöst. Diese aber können sich verringern, wenn man sich rechtzeitig einer heilenden Behandlung unterzieht, d. h. die positiven Kräfte einsetzt, die auch aus dem Handbild sichtbar sind. So gibt es Hände, die auf eine schizophrene Anlage deuten oder auf eine Veranlagung zur Depression. Dennoch hat kein akuter Anlaß eine Einlieferung dieser gefährdeten Menschen in eine Nervenklinik gefordert.

Es läßt sich deshalb im voraus nicht mit Bestimmtheit aus Zeichen einer Hand ablesen, ob eine krankhafte Anlage auch tatsächlich in Erscheinung tritt oder ob sie durch Gegenkräfte kompensiert, vielleicht auch durch einen inneren Heilungsprozeß in anderen Formen ausgetragen wird. Das Erscheinungsbild der Hand vermag auch nicht das innerste Wesen eines Menschen zum Ausdruck zu bringen, in dem die Kräfte der Heilung und Wandlung ein dem Anschein nach Unmögliches vollbringen.

So sind Aussagen über körperliche und seelisch-geistige Krankheitsmöglichkeiten keineswegs als medizinische Diagnosen zu bewerten. Sie sollen vielmehr die Krankheit in den großen leib-seelischen Zusammenhang stellen und in einem äußeren Bild zu erkennen geben, was sich in einem Menschen innerlich abspielt, in dem nach Paracelsus sowohl der Keim der Krankheit wie der Gesundheit liegt.

III.

Wandlungen schicksalhafter Gegebenheiten im Bild der Hand

Beobachten wir eine Hand längere Zeit hindurch, so können sich Fülle oder Schwäche der Berge verändern; Linien können neu entstehen oder vergehen, ihre Richtung ändern oder ihre Struktur wechseln, an Farbe und Intensität zunehmen oder verlöschen. Dies alles sind Spiegelbilder eines seelisch-geistigen Vorgangs, eine Frage der Wesenshaltung und inneren Einstellung, die, unabhängig von äußeren Bindungen und Ereignissen, die Bereitschaft des Menschen angeben, sein Schicksal zu bejahen und von innen her zu vergeistigen oder gegen seinen Eingriff sich zu wehren.

Nur selten ändert sich das Bild der Außenhand, dies geschieht nur vor und nach einer Krankheit und körperlichen Störungen. Je mehr das Leben an Intensität und Vitalität verliert, um so schwächer werden die Linien, und auch die Berge verlieren an Fülle. Meist liegen die Zeichen einer Veränderung im Verlauf der kleinen Linien, die zusammenführen oder zerstören.

Nehmen wir eine Herzlinie, die nur im Hautbild einen kleinen Aufwärtsschwung erkennen läßt, doch in Wirklichkeit ohne Schwung auf der Ichseite nahe an der Kopflinie endet. Ein Zweig dieser Linie aber kann, wenn sich die Hingabefähigkeit des Menschen verstärkt, durch eine kurze Verlängerung der Aufschwung der Herzlinie weiterführen und damit die Richtung zum Jupiterberg bewirken.

In einer anderen Hand kann eine Unterbrechung der Lebenslinie bei seelischen Veränderungen durch eine kleine Parallellinie überbrückt werden. Ebenso können sich Inseln auf einer Linie öffnen, wenn der Mensch nicht mehr um sein Ich kreist und sich von einer ausweglosen Situation befreit. Ein impulsiver Elan wird diese Einkreisung durchstoßen.

Ob die Möglichkeiten genutzt werden und das Angelegte verwirklicht wird, liegt außerhalb jeder Signatur allein im Entscheid und freien Willen des Menschen, soweit diese im Rahmen seines Bewußtseins und seiner Möglichkeiten verankert sind.

Positive Entscheidungen, die ein Mensch trifft, oder Sternenstunden, die er ungenutzt vorbeiziehen läßt, können schicksalsbildend sein. Der Spielraum, der dem freien Willen bleibt, liegt innerhalb des anlagemäßig gegebenen Rahmens. Der Schicksalsweg steigt in der Sprache der Hand aus den Urgründen des Lebens empor zur geistigen Bestimmung, die jedem Menschen als Auftrag und jedem besonderen Menschen als sein besonderer Auftrag gegeben ist. In den Merkmalen der Hand prägt sich dieser Weg in sichtbarer Erscheinung aus. Dies bedeutet nicht, daß der einzelne durch eine Handform, eine Bergerhöhung oder durch den Verlauf einer Linie zu irgend etwas bestimmt oder gezwungen wird. Die Erkenntnisse aus der Hand sind vielmehr Selbsterkenntnisse und die Veränderungen Hinweise, die auf eine äußere oder innere Umstellung schließen lassen.

Zwei Beispiele

Meist ist es die linke Hand, in der sich die Veränderungen am deutlichsten ausprägen. Wenn diese auch die Hand der Anlage ist, der die rechte Hand als jene der Verwirklichung gegenübersteht, so verliert sie doch im Lauf des Lebens nichts an ihrer Bedeutung. Sie ist dem Unbewußten näher, so daß Einflüsse, die eine Veränderung im Menschen zur Folge haben, in ihr zuerst in Erscheinung treten. Latent bereitet sich in der Tiefe des Unbewußten vor, was später in der Helle des Tages zum Austrag kommt. Aber auch von außen her können Veränderungen veranlaßt werden. Das im verwandelten Bild der rechten Hand Angezeigte wird häufig durch den Zwang des äußeren Lebens oder durch Umweltforderungen hervorgerufen. Diese Veränderungen aber vergehen wieder, wenn das Außen an Bedeutung verliert.

Eine Veränderung in der rechten Hand, die von der linken vorbreitet wurde, wird im allgemeinen in ihrer Wirkung anhaltender und tiefer gegründet sein. Denn der Mensch kann der Problematik des Lebens und den Auseinandersetzungen mit der Umwelt in Wirklichkeit nur dann standhalten, wenn die Lösung aus seiner inneren Natur organisch gewachsen ist, wenn sie das Gefühl in die unmittelbaren Reaktionen miteinbezieht und das im Außen Vollzogene auch vom Unbewußten her angenommen und bejaht wurde. Alles andere wird vergehen, wenn der Wille des Menschen erlahmt oder äußere Notwendigkeit und Zwang an Intensität verlieren. Es ist deshalb wichtig, bei der Beurteilung von Veränderun-

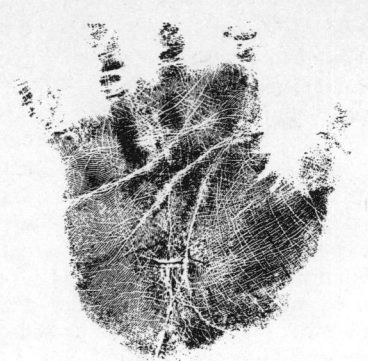

Abbildung 27a

Abbildung 27b

Abbildung 27c

146

gen zu beachten, in welcher Hand diese zuerst sichtbar werden. Oft übernimmt die rechte Hand das von der linken schon Vorbereitete erst nach längerem Zeitabstand.

In den Händen dieses jungen Mannes (Abb. 27a, b, c) prägen sich die Veränderungen vor allem in der linken Hand aus. Dies beweist, daß es sich um eine innere Umstellung handelt, die den äußeren Lebensweg verwandelte. Aus den drei Abdrücken läßt sich ein ganz klarer Schicksalsverlauf in seinen verschiedenen Wegstrecken beobachten.

Der erste Abdruck stammt aus der Zeit, als der Neunzehnjährige Student der Philosophie war (Abb. 27a). Es ist die Hand eines sensiblen Menschen voller Erlebnisfähigkeit und Beeindruckbarkeit. Die zahlreichen Linien lassen auf Vielseitigkeit der Interessen und auf eine starke Sensibilität schließen. Der Mondbereich ist zwar ausgeprägt, und die Kräfte des Unbewußten drohen den rationalen Verstand – die Kopflinie – einzusaugen, aber ihnen steht eine ebenso starke aktive Kraft gegenüber, die aus dem breiten Venusberg und der gutgeschwungenen Lebenslinie abzulesen ist. Die Herzlinie steigt in den Zwischenraum zwischen Mittel- und Zeigefinger auf, Ausdruck einer tiefen Hingabe- und Liebesfähigkeit. Nur zeigt die lange Querlinie, die sich auf die Herzlinie legt, daß Gefühlskräfte, die nicht sublimiert werden, das Herz belasten. Darin liegt die Problematik dieses Menschen: er ist zu empfindsam und zugleich zu sehr von unbewußten Wünschen belastet, so daß es ihm schwerfallen wird, in seinem Leben eine klare Richtung einzuschlagen und alle Kräfte auf die Erlangung einer in sich geschlossenen Haltung auszurichten. Seine Triebhaftigkeit wird ihm das Leben erschweren. Denn weder vermag er sie zu vergeistigen noch wird er materiell genug eingestellt sein, um rein sinnenhaft zu leben. Diese Problematik wird ihn in die Gefahr der Nervenüberreizung bringen.

Drei Jahre später hat die Hand sich in auffallender Weise geändert, wie es der nächste Abdruck zeigt (Abb. 27b). Die Verwirrung und Unruhe der Linien ist gewichen. Vor allem im Mondbereich sind fast keine Linien mehr eingezeichnet. Auch über der Herzlinie ist der Raum klarer geworden. Diese Klärung und Beruhigung im Bild der Hand ist der Kopflinie zu danken, deren Ende sich völlig gewandelt hat. Sie fällt nicht mehr in den Mondberg, in den Raum des Unbewußten, herab, sondern hat sich wie ein Löffel nach oben gebogen: Wollen und praktisches Denken greifen in großem Ausmaß in die Auseinandersetzungen – in den Marsbereich – ein. Dies bedeutet, daß der ins Unbewußte herabfallenden Tendenz in der realen Wirklichkeit, in der Welt des Gegenständlichen, ein Riegel vorgeschoben wurde. Der Student der Medizin ist in die Berge gegangen und Bauer geworden. Er hat für einige Zeit die geistigen Probleme zurückgestellt, sich aus der Welt der Wünsche und Illusionen zurückgezogen und sich der Wirklichkeit gestellt. So wurde er ein ruhiger und gesunder Mensch. Aber viele Möglichkeiten, die ihm seiner Anlage gemäß zur Verfügung stehen, wurden damit zugleich bewußt ausgeschaltet. Dies geschah nicht aus einem organisch wachsenden Prozeß heraus, sondern – nach der Kopflinie zu urteilen – durch einen Willensakt. Dabei mögen auch egoistische Überlegungen mitgespielt haben, denn die löffelartige Endung der Kopflinie zeigt eine starke Ich-Betonung an, die auch von der stärker zum Daumenwinkel herabsinkenden Herzlinie zum Ausdruck gebracht wird.

Daß aber dieser Lebensabschnitt für ihn nicht die Erfüllung seines Daseins bedeutet, beweist der dritte Handabdruck, der wieder drei Jahre später abgenommen wurde (Abb. 27c). Das Linienbild hat sich noch einmal geändert, und zwar in der Richtung des ersten Abdrucks. Nun sind wieder mehr Linien eingezeichnet, und wieder läuft die Kopflinie in den Mondberg hinein. Dort aber ist eine grundlegende Veränderung eingetreten: kein Sog mehr zieht die Kopflinie hinab, sondern sie hält auf dem oberen Mondberg an. Dies besagt, daß die unbewußten Kräfte in das bewußte Leben einbezogen wurden und der Mensch sie nun zu gestalten und in der Wirklichkeit zu bewältigen vermag.

Auf dem Mondberg sind weniger Linien eingeprägt als auf dem ersten Abdruck, ein Zeichen, daß keine verwirrenden Wünsche mehr aus dem Unbewußten aufsteigen. Auch das Liniennetz über der Herzlinie hat seine Unruhe verloren, ebenso belastet die Querlinie die Herzlinie nicht mehr, und die Zweige dieser Linie schneiden weniger schroff in die Kopflinie ein.

Daß sich die Schicksalslinie wieder verstärkt hat, ist ein Zeichen, daß der nun eingeschlagene Lebensweg dem jungen Mann im wahren Sinn zum Schicksalsweg geworden ist und er seine Kräfte zu einem Ziel, zu einer Leistung hin sammeln wird.

Noch ein zweites Beispiel: Es ist eine Kinderhand (Abb. 28a, b), in deren Bild die Merkurlinie eine wichtige Rolle spielt. Während sie in dem frühen Abdruck vom Merkurberg bis in die Lebenslinie hineinführt, übernimmt sie in der späteren Hand den Verlauf der Lebenslinie, in die sie eingemündet ist. Zuerst war diese Linie durch eine große Insel in ihrer Wirkung gehemmt, später aber riegelt sie den Mondberg gewaltsam von der Ichseite ab.

In dieser materiellen groben Innenfläche, die durch die kurzen Finger noch betont wird, liegt kein geistiger Anruf, vielmehr jene Eigenschaft, die auch im Symbol des Merkur begründet ist: das auf dem Wegsein, das Vermitteln und Austauschen, das sich auf der materiellen Ebene auch als Handel und kaufmännische

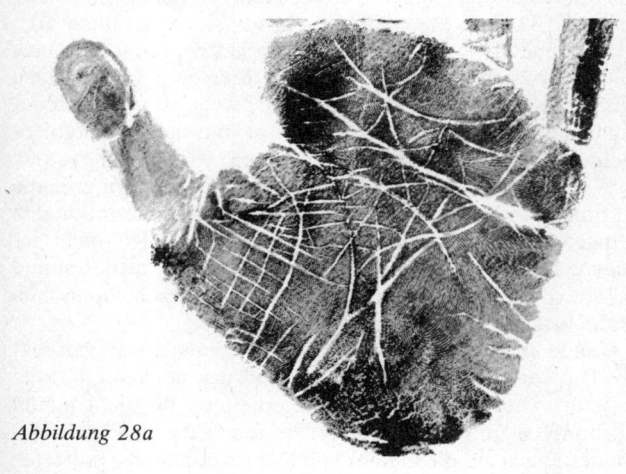

Abbildung 28a

Abbildung 28b

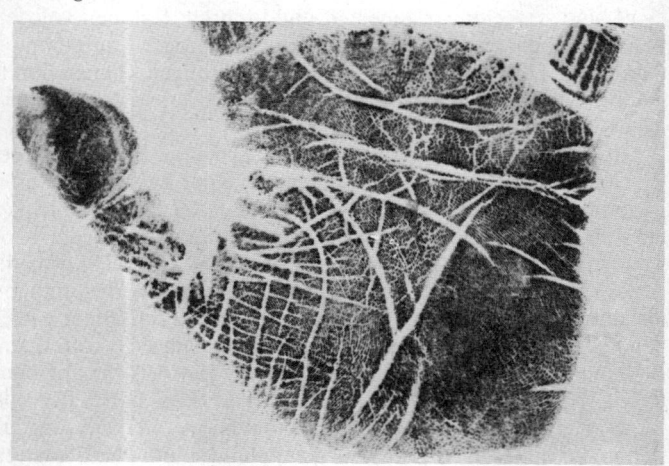

Geschicklichkeit auswirkt. Unter dem Aspekt der Daseinsbehauptung steht diese Hand, die durch die Merkurlinie alles abdrängt, was von außen oder vom Du her das Dasein beeinträchtigen könnte. Diese Absicherung wird noch dadurch verstärkt, daß die Merkurlinie den letzten Weg der Lebenslinie selbst übernimmt.

Noch eine Veränderung ist in dieser Hand zu beobachten: Die Kopflinie, die in dem ersten Abdruck mit einer Parallele zum Mondberg hinneigt, ist auf dem zweiten gehaltener und fällt, einschließlich der Parallele, nicht aus dem Marsberg hinaus. Den Abschluß der Kopflinie bildet ein gerader Zweig, der sich von der darüber laufenden kleinen Linie abspaltet und die Gehaltenheit noch betont. Ein klarer praktischer Verstand wird in der rechten Hand der bewußten Lebensgestaltung sachlicher und bringt keine Wunschträume – der Einfluß des Mondberges – in die rationalen Erwägungen hinein. In beiden Händen sperrt die lange, nicht geschwungene Herzlinie den oberen Bereich von dem mittleren und unteren ab, so daß die materielle Tendenz in diesem Menschen nicht aufgelockert wird.

Die Hände sind im achten und elften Lebensjahr abgedruckt worden. Die vor allem beim späteren Abdruck noch verstärkten Linien lassen eine Grobheit und Breite erkennen, die nicht nur auf einen primitiven und wenig differenzierten Menschen schließen läßt, sondern auch auf die Gefahr von Depressionen, die auftreten werden, wenn Glück und materieller Erfolg nicht dem Erwarteten entsprechen. Die Eigenschaften, die aus den Handzeichen sprechen, sind von früh her angelegt, und in ihrem Rahmen vollzieht sich das Leben des Erwachsenen, der ein tüchtiger Kaufmann geworden ist. Die Möglichkeiten der Veränderungen können durchgeführt oder übergangen werden. Dann werden sich die Zeichen wieder ändern.

Die Selbsterkenntnis und Sinndeutung, die der Mensch aus den Zeichen der Hand gewinnen kann, mag zu einer Besinnung führen, in der die eigenen Anlagen, Eigenschaften oder Unzulänglichkeiten wahrgenommen werden und mancher Umweg vermieden wird, weil man nicht unbedingt durchsetzen oder besitzen will, was der Anlage nicht entspricht. Wir müssen leben nach der Bestimmung, die uns eingeprägt ist, und nach dem Auftrag, der jedem einzelnen gegeben ist, wenn auch der Rahmen, in dem sich Auftrag und Bestimmung erfüllen, genügend Raum für die Auswirkung einer freien Verfügung läßt. Den Spuren eines Lebens- und Schicksalsweges nachzugehen ist das Geheimnis einer inneren Erfahrung, die sich in der äußeren Erscheinung einer Hand sinnbildhaft darstellt.

Schema zur Handdeutung

Dieses Schema ist nur als Anregung zu werten. Bei jeder Handdeutung muß das Gesamtbild betrachtet, müssen die einzelnen Zeichen miteinander verbunden oder gegeneinander abgewogen werden. Nur die gesamte Hand kann Ausdruck des ganzen Menschen sein.

Die Außenhand

Die Außenhand zeigt das unveränderliche Wesen und die dem Menschen ganz unabhängig von seinen konstitutionellen Potenzen aufgegebene Weise, seine objektive Bestimmung zu erfüllen.

Die Rumpfhand: Der Mensch in der Wirklichkeit seiner Natur. Die vitale Mächtigkeit, die ursprüngliche Lebenskraft. Der natürliche Seinsgrund, das Kosmische, Vitale und Unbewußte (das Undifferenzierte). Der Mensch steht noch ganz unter dem Gesetz der Arterhaltung und Daseinsbehauptung. Drang und Sog, Begierden und Süchte, Affekte und Stimmungen, Antriebskraft und Reizempfänglichkeit sind noch unbewußt und unkontrolliert vom Ich.

Die Fingerhand: Der Mensch in der Verbundenheit mit dem Geist und in seiner Bezogenheit auf Transzendenz. Die Finger scheinen teilzuhaben an einer unstofflichen Welt, die sie umspielt und deren Schwingungen sie einsaugen und ertasten. Sie geben der Hand ihre vertikale Richtung und drükken die nach oben strebende Entwicklung sinnfällig aus. Das Prinzip der spezifisch menschlichen Entwicklung.

Die elementare Hand ist nur Rumpfhand. Der Träger steht ganz im Elementaren, ist auf ein rein naturhaftes Dasein angelegt. Die Beziehung zum Stofflichen überwiegt.

Die gotische Hand ist nur Fingerhand: die Hand der betenden Madonna. Dieser Mensch ist bestimmt, den stoffentbundenen Geist zu verbildlichen.

Die ovale Hand

Eiform durch ausladende Breite des Handrumpfes und durch die leichte Einwärtsbewegung von Zeigefinger und kleinem Finger gebildet. <u>Verharren im Dasein.</u>

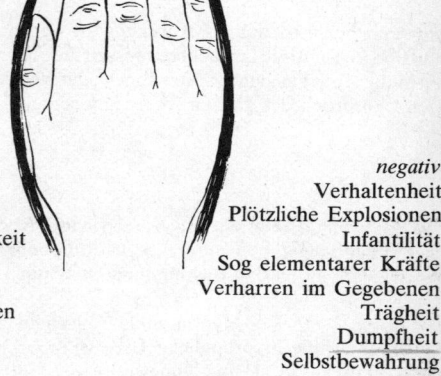

Positiv

Vorpersönliche Einheit
von Natur und Geist
Ungebrochene Lebendigkeit
Ursprünglichkeit
<u>Daseinsbewältigung</u>
Meisterung des Gegebenen
Harmoniebedürfnis
Gefühl der Geborgenheit

negativ

Verhaltenheit
Plötzliche Explosionen
Infantilität
Sog elementarer Kräfte
Verharren im Gegebenen
Trägheit
Dumpfheit
Selbstbewahrung

Die eckige Hand

Rumpf und Finger sind eckig begrenzt, von einem rechten Winkel eingeschlossen.
<u>Gestalten des Soseins</u>

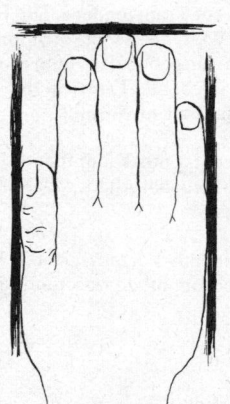

Positiv

Formwille
Gestaltungskraft
<u>Rationales Bewußtsein</u>
Ordnungssinn
Wirklichkeitssinn
Gerechtigkeitsempfinden
Pflichtgefühl

negativ

Enge
<u>Fixierung</u>
Starre
Pedanterie
Nüchternheit
Einseitigkeit
Kleinlichkeit

Die konisch – spitze Hand

Nach oben sich verjüngende Form. Die begrenzenden Linien treffen sich in einem Punkt oberhalb der Hand
Sehnsucht nach Einswerdung

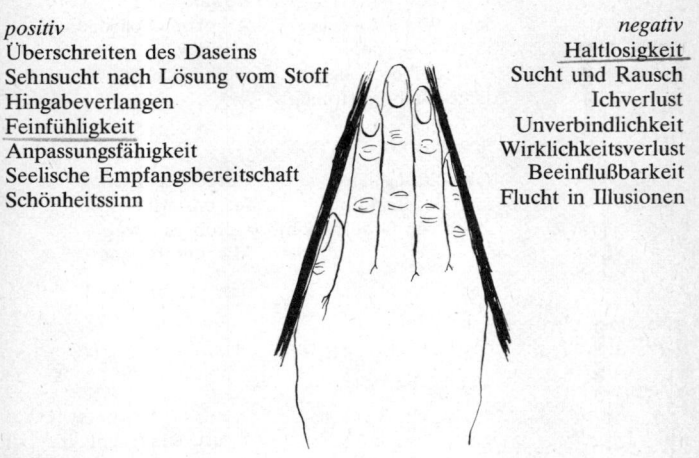

positiv
Überschreiten des Daseins
Sehnsucht nach Lösung vom Stoff
Hingabeverlangen
Feinfühligkeit
Anpassungsfähigkeit
Seelische Empfangsbereitschaft
Schönheitssinn

negativ
Haltlosigkeit
Sucht und Rausch
Ichverlust
Unverbindlichkeit
Wirklichkeitsverlust
Beeinflußbarkeit
Flucht in Illusionen

Der Handrumpf

Der spatelförmige Rumpf: Der Rumpf ist dazu bestimmt, sich von seiner Natur her am Material der Welt, gegen die er breit vorstößt, anzureichern und andererseits ihr aus der Kraft seiner natürlichen Impulse seinen Stempel aufzudrücken.
Die Lebensweise des Menschen ist auf eine das Konkrete annehmende Aktivität und auf die Bewältigung der Wirklichkeit angelegt.

Der eckige Rumpf: Der Mensch sucht in der Welt den Rahmen, dem er sich einordnen, die Begrenzung, in der er Form gewinnen kann. Er ist auf Gestaltwerdung seiner selbst und der Welt angelegt und neigt dazu, sich mit einem Du diese Welt harmonisch aufzubauen.

Der spitze Rumpf: Der Mensch ist darauf angelegt, das konkret Gegebene zu durchdringen, von der Fülle seiner Kraft abzugeben und sich zu verströmen. Schon von seiner Natur her bedeutet ihm das jeweilig Daseiende nur Durchgang zu einem darüber hinausliegenden Ziel.

153

Daumen	Zeigefinger
Grundbedeutung	
Aktivität des Trieb-Ichs, Widerstandskraft, vitale Energie, unmittelbares, natürliches Selbstvertrauen	Bewältigung der Welt, Autorität, Selbstgefühl, Machtwille, Geltungsanspruch
Spatelform	
Geballte Lebensenergie, Brutalität, Züge von Grausamkeit	Ehrgeiz, Durchsetzungswunsch, Geltungsdrang, Machtentfaltung
Eckige Form	
Praktische Veranlagung, enegisch sich durchsetzendes Vital-Ich	Autoritätsbewußtsein, Ethos, Ritterlichkeit
Konisch-spitze Form	
Mangelnde Vitalkraft, feinfühlig, empfangsbereit	Sehnsucht nach sozialer Position oder religiöse Bindung

Mittelfinger	Ringfinger	Kleiner Finger
Unterwerfung unter ein objektives Gesetz, Lebensernst, Verantwortungsbewußtsein, Dienst am Werk	Idealismus, künstlerisches Empfinden, seelische Bindung, Wunsch nach Ergänzung	Vermittlung, Wissensdrang, Gewandtheit, Anpassung, Aufnahmefähigkeit
Lebensernst, Gefühl der Belastung, Schuldgefühl, praktisches Denken	Wunsch nach Darstellung und Ausdruck, Gestaltungskraft, Daseinsfreude	Kaufmännische Gewandtheit, auch Gerissenheit, evtl. Diebstahl, materielle Interessen
Pflichtbewußtsein, Verantwortung, Sachgewissen, Konzentration	Rhythmische Begabung, Formgefühl, Lebensfreude, seelische Bindung	Organisieren, wissenschaftliche Interessen, Redebegabung
Wunsch nach Entlastung, Frivolität, Leichtsinn	Ästhetik, Intuition, Hingabefähig bis zum Ich-Verlust	Anpassungsfähig, Offenheit, Beweglichkeit, evtl. Heuchelei und Lüge

Die Innenhand zeigt den Menschen im Hinblick auf sein persönliches Leben und Erleben. Sie ist Ausdrucksfeld seiner Anlagen, Begabungen, seiner Einstellung und seines Schicksalsweges.

Die Berge zeigen in ihrer Erhöhung, ihrer übermäßigen Ausbildung oder Schwäche das Maß an inneren Kräften, die dem Menschen zur Verwirklichung seiner Lebensform mitgegeben sind.

Die Linien zeigen in ihrem Verlauf und in ihrer Beschaffenheit die dem Menschen für seinen inneren Weg vorgegebene Lebensform und die Weise, wie er seiner inneren Bestimmung genügen kann. Dies bedeutet, wie er sein Leben zu erhalten, sich in einer bestimmten Form auszugestalten und sich innerlich zu erfüllen vermag.
Anlagen, Begabungen und Schwierigkeiten, wie auch die innere Einstellung zum Leben, die sich im persönlichen Erleben bekundet, erscheinen hier.

Vertikale Teilung: Auf der Daumenseite liegt der aktive Raum des männlichen Zugriffs und der Ich-Behauptung. Auf der Kleinfingerseite der Bereich der Du-Zuwendung und weiblichen Empfangsbereitschaft.

Horizontale Teilung: Der dem Handgelenk nahe Raum ist Ausdruck der vitalen Naturkräfte; der mittlere Raum Ausdruck des bewußten, willensmäßigen Gestaltens; der obere ist Ausdruck der seelisch-geistigen Innerlichkeit.

Die Linien

Die Lebenslinie. Sie umgrenzt den Raum der Vitalität und Triebfülle und verbindet ihn mit dem Raum der auf die Welt bezogenen Impulse. Sie entspricht dem Grundimpuls zum natürlichen Dasein.

Die Kopflinie: Sie beginnt zwischen dem Beginn von Daumen und Zeigefinger und versinnbildlicht den Impuls zum eigenständigen Sosein. Ihr Ende auf der Du-Seite zeigt das rechte Verhältnis in der Begegnung von Ich und Welt, von aktiven und passiven Kräften in der rationalen Auseinandersetzung und bewußten Gestaltung des Lebens.

Die Herzlinie: Sie verläuft entgegengesetzt zur Kopflinie und endet im Raum des Zeigefingers. So bringt sie zum Ausdruck, daß die vom Du aufgerufene Seele Antwort findet im Überschreiten des Ichs. Sie zeigt auch die Tiefe und Fülle der Innerlichkeit.

Die Schicksalslinie. Sie steigt vom unteren Raum zum Saturnberg auf. So verbindet sie die Kräfte des Lebens, die in der Erde wurzeln, mit denen, die zum Aufsteigen bestimmt sind. Sie führt sie zur Verwirklichung und Konzentration. Von der ursprünglichen Begabung, dieses zu können, hängt vor allem anderen das Schicksal des Menschen ab.

Die Berge

	erhöht	überstark	schwach
Venusberg	Libido Zeugerische Kraft Lebensfülle Triebkraft Daseinsbehauptung Antriebskraft	Ausschweifung Überstarke Triebmächtigkeit Hemmungslose Sinnlichkeit Verführung	Fehlende Triebkraft, Trockenheit, Langeweile Schwaches Lebensgefühl Mangel an Impulsen
Mondberg	Unbewußte Bildwelt Empfänglichkeit Kollektivraum Mütterlicher Urgrund	Träge Selbstbewahrung Dumpfe Sogkraft Angstzustände Abhängig von Stimmungen	Innere Leere Gleichgültigkeit Ungeborgenheit Unmütterlich Mangel an Phantasie.
Marsberg	Tatkraft, Energie Mut, Durchsetzen, Kraft der Auseinandersetzung, Umweltbeziehung Geistesgegenwart	Streitsüchtig brutal, tyrannisch, grausam, Aggressionen, Trotz, Wut	Mangel an Geistesgegenwart und Selbstbeherrschung, Angst vor Entscheidungen
Jupiterberg	Machttrieb, Selbstgefühl, Ich-Bewußtsein, Ehrgeiz Autorität, Gerechtigkeitssinn	Übertriebener Geltungsanspruch, Stolz, Hochmut Lebensgenuß, Scheinheiligkeit	Kälte, Mangelndes Selbstgefühl, Würdelos Unritterlich Fehlender Ehrgeiz
Saturnberg	Kraft zur Verwirklichung, sachlich, beständig, zuverlässig, pflichttreu, Leistung, Verantwortung	Überlastet Verschlossen Mißtrauisch Schwermütig Asketisch	Unbelastet Mangelnde Verantwortung Gewissenlos Leichtfertig

	erhöht	überstark	schwach
Apolloberg	Idealismus. Kunstsinn, Seelische Erlebnisfähigkeit, Du-Bindung, Einfühlung	Selbstdarstellung Projektionen, Erlebnishunger Unstillbarer Glückshunger	Nüchtern, Mangelnde Bildschau, Mangel an Erlebnistiefe Glücklos
Merkurberg	Kontaktfähig, Kaufmännische Begabung, Organisationstalent Sprachbegabung Gewandtheit, Beweglichkeit	Übersteigerter Erwerbssinn Neigung zur Lüge, Betrug und Diebstahl, Fixierte Meinungen	Mangel an Anpassung und Kontakt, Fehlende geistige Interessen Materielle Umweltbeziehung